# 英語で授業

Get ready for your big break!

著 デイビッド・セイン　執筆協力 佐藤 留美（東京都立西高等学校 英語教諭）

デビュー！

# はじめに

　はじめまして、デイビッド・セインです。これまで25年以上日本で英語を教えてきました。

　その間に、日本の英語教育も変わってきました。
　ビジネス場面だけでなく、学校でも「英語を話す」ということが重視されはじめ、先生が「英語で授業」をしなくてはならなくなりました。
　しかし、これまであまり英語を話す機会を持たなかった先生が、いきなり英語で授業をすることはとても難しいと思います。

そこで、現場の中学・高校教師の方やALTの方の意見を参考に、簡単・シンプルな英語で授業をするためのフレーズを集めました。もちろん生徒が使えるフレーズも盛りだくさんです。

　また、一つの表現に対して、基本的なフレーズから、ネイティブが聞いてスマートに聞こえるもの、注意が必要なフレーズまで、バリエーション豊かにまとめています。

　さらに、本書では東京都立西高等学校の英語教師で、「英語で授業」を行われて11年の経歴を持つ佐藤留美先生にもご協力いただき、授業のノウハウについてもご執筆いただきました。

　この本をきっかけに、皆さんが自信を持って、「英語で授業」ができるようになることを願っています。

## 音声ダウンロードの紹介

本書で紹介されているフレーズと単語をネイティブスピーカーが読み上げた音声を以下のサイトから無料でダウンロードできます（本書で「あと一歩」の表現として紹介されているフレーズについては、音声が収録されていません）。

URL http://eigodejugyodebut.blogspot.jp/

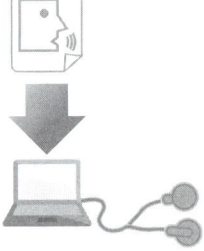

音声のファイル名は本文記載のトラック名と対応しています。

 ## 本書で使われている記号の紹介

本書で紹介されるフレーズの前には、以下の記号が振られています。

- [T] 先生が使うフレーズです
- [S] 生徒が使うフレーズです
- [T&S] 先生も生徒も使えるフレーズです
- [A] [B] 先生と生徒、生徒と生徒、どの場面でも使える対話です

# Contents
# 目次

はじめに･････････････････････････････････････････････････････ ii
音声ダウンロードの紹介／本書で使われている記号の紹介････････ iv

## 4月 まず、英語であいさつしてみよう！

- **Lesson 1** 英語であいさつをしよう！････････････････････････ 2
- **Lesson 2** 英語で出席を取ってみよう！････････････････････････ 6

## 5月 ちょっとした指示を英語で言ってみよう！

- **Lesson 1** 英語で指示して、生徒に動いてもらおう！･･･････････ 14
- **Lesson 2** 生徒に英語で質問してもらおう！････････････････････ 18

## 6月 英語でどんどん褒めてあげよう！

- **Lesson 1** 英語で褒めてあげよう！･････････････････････････････ 32
- **Lesson 2** 生徒の間違いを、うまく正そう！････････････････････ 37
- **Lesson 3** 成功・失敗に関する格言を英語で教えよう！･･････････ 44

目 次

## 7月 教科書を使って、英語を話そう！

- **Lesson 1** 教科書を使うとき、コレだけ英語で言ってみよう！………… 50

## 8月 学校のあらゆるものを英語で言ってみよう！

- **Lesson 1** 「黒板」「出席簿」を英語で言ってみよう！………………… 62
- **Lesson 2** 「日直」「給食当番」を英語で言ってみよう！……………… 64
- **Lesson 3** 「校長室」「職員室」を英語で言ってみよう！……………… 66
- **Lesson 4** 休日・祭日を英語で言ってみよう！…………………… 68

## 9月 ペーパーテストのココだけ、英語にしてみよう！

- **Lesson 1** 問題文・設問を英語にしてみよう！……………………… 78
- **Lesson 2** 赤ペン英語を使ってみよう！…………………………… 84
- **Lesson 3** テストの英語を教えてあげよう！……………………… 90

## 10月 ペア・グループで英語を話そう！

- **Lesson 1** ペア・グループになるよう英語で指示してみよう！……… 96
- **Lesson 2** ペア・グループ活動のときに英語を話してもらおう！…… 103

## 11月 リスニングの授業で英語を使おう！

- **Lesson 1** リスニングの授業で英語を話そう！ ・・・・・・・・・・・・・・・・・・・・・ 120

## 12月 リーディングの授業で英語を使おう！

- **Lesson 1** リーディングの授業で英語を使ってみよう！ ・・・・・・・・・・・・・ 132
- **Lesson 2** 教科書のストーリーについて、英語で話そう！ ・・・・・・・・・・ 140
- **Lesson 3** 教科書の内容について、感想を話してみよう！ ・・・・・・・・・・ 147

## 1月 ライティングの授業で英語を話そう！

- **Lesson 1** 英語でライティングの指導をやってみよう！ ・・・・・・・・・・・・・ 162
- **Lesson 2** 日記を書くための英語を教えてあげよう！ ・・・・・・・・・・・・・・・ 170

## 2月 英語でディスカッションしてみよう！

- **Lesson 1** 自分の意見を言ってもらおう！ ・・・・・・・・・・・・・・・・・・・・・・・・・・ 176
- **Lesson 2** 意見や理由を説明してもらおう！ ・・・・・・・・・・・・・・・・・・・・・・・ 183

目次

## 3月 1年を英語で振り返ろう！

- **Lesson 1** 生徒に1年間の評価を英語で伝えよう！ ･･････････････ 196
- **Lesson 2** 先生に対する1年間の思いを英語で言ってもらおう！ ････ 203
- **Lesson 3** 1年間を英語で振り返ってもらおう！ ･･･････････････ 211

## ALT ALTと二人三脚になろう！

- **Lesson 1** 授業前にALTとしっかり計画を立てよう！ ･･･････････ 222
- **Lesson 2** 授業中にALTと協力しよう！ ･･････････････････････ 229
- **Lesson 3** 授業後にALTにフィードバックをしよう！ ･･････････ 236
- **Lesson 4** 授業外にALTと話そう！ ･･･････････････････････ 246

## ACT 授業のお助け！アクティビティ集

- **Activity 1** 単語力が劇的に上がる「ピックトリ」 ･･････････････ 252
- **Activity 2** 品詞が見分けられるようになる「マドリブ」 ････････ 253
- **Activity 3** 時間を忘れる「英語なぞなぞ集」 ････････････････ 256
- **Activity 4** 自分の名前でできる英作文「アクロスティック・ポエム」･･ 260
- **Activity 5** 教科書の内容が身につく「記者と秘書ゲーム」 ･･････ 262
- **Activity 6** ネイティブが5歳のときに学校で行うプレゼン「Show and Tell」 ･･････････････････････････ 264
- **Activity 7** 意見がどんどん出る「ディスカッション」 ･･････････ 268

フレーズ索引 ････････････････････････････････････････ 272

# まず、英語であいさつしてみよう！

Let's begin with some greetings!

Lesson 1　英語であいさつをしよう！
Lesson 2　英語で出席を取ってみよう！

# Lesson 1

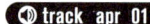 track_apr_01

## 英語であいさつをしよう!

このレッスンでは、授業の始めと終わりのあいさつ「おはようございます」「ありがとうございました」などを英語で言ってみます。このようなあいさつはクラス全員で一緒に言えるので、先生も生徒も気軽にできます。

### おはよう

 **基本**

[T&S] おはよう(ございます)。　　**Good morning.**

＊I wish you a good morning.(あなたの朝がいい朝でありますように)の意味のGood morning.は誰もが知っている基本的な朝のあいさつです。

 **スマートに**

[T] 皆さん、おはよう(ございます)。　　**Good morning, class/ everyone.**

＊classあるいはeveryoneを入れることで、単なる朝のあいさつではなく、生徒に直接呼びかけるイメージになります。

 **さらにスマートに**

[T&S] おはようございます(あなたにとって最高の朝でありますように)。　　**Top of the morning!**

＊丁寧な朝のあいさつに使われるフレーズです。ユーモラスなニュアンスもあり、このあいさつには親しみが込められていると感じられます。

Lesson 1　英語であいさつをしよう！

## 調子はどうですか？

 **基本**

[T] 調子はいかがですか？　　　　　　How are you?

[S] 最高です。あなたは？　　　　　　Great, and you?

＊fineよりもずっと気分が良いことを表しているのがgreatです。あいさつはコミュニケーションですから、あなたの調子を聞いてもらったあとは、必ず、and you? で聞き返すのを忘れないようにしましょう。

 **スマートに**

[T] 私の気分は上々です。皆さんはいかがですか？　　　I'm fabulous. How's everyone else doing?

[S] 調子いいですよ。　　　　　　I'm doing well.

＊「元気ですよ」などと言いたいのであれば、I'm doing fine. のように言えば良いでしょう。

 **あと一歩**

[S] はい、調子はいいです。ありがとうございます。それで、あなたは？　　　I'm fine. Thank you, and you?

＊中学英語を習う段階ですべての生徒がこのやりとりを覚えます。文法的にも意味の上でも何も問題のないあいさつですが、非常に機械的で感情のこもらない返事に聞こえる可能性も大きいので、生徒の返答としては避ける方が無難でしょう。

4月　まず、英語であいさつしてみよう！

4月　まず、英語であいさつしてみよう！

## 今日の天気は？

 **基本**

[T] 今日の天気は？　　　　　　　　How's the weather today?

[S] 雪が降っています。　　　　　　It's snowing.

＊状況に応じて生徒の返事は次のように入れ替えられます。It's sunny.(晴れです)、It's cloudy.(曇りです)、It's raining.(雨が降っています)。

 **スマートに**

[T] いい天気ですね！　　　　　　　Nice weather we're having, right?

[S] そうですね。ピクニック日和です。　Yes, it's a great day for a picnic.

＊a great/perfect day for ...は「…日和」という意味です。dayの代わりにweatherと言ってもOKです。

 **さらにスマートに**

[S] 凍えるくらいに寒いですね。　　　It's freezing cold.

＊ほとんどの生徒は「晴れ」「曇り」「雨」のような天候については言えますが、温度(寒い、暑い、暖かい)などはつい忘れがちです。ここで紹介している表現以外にも、It's hot/warm.(暑い／暖かいです)といった表現もしっかり言えると「今日の天気は？」の返答としては完璧です。

Lesson 1　英語であいさつをしよう！

 今日は終わりにしましょう

 **基本**

- T 今日はここまでです。　　　That's all for today.
- S ありがとうございました。　Thank you./Thanks.

＊「今日はここまでです」「これで終わりです」は授業を終わらせる言葉の定番表現です。授業の最後も英語で終わるようにしましょう。それに対する生徒の答え「ありがとうございます」も英語で言ってもらうようにします。

 **スマートに**

- T さあ、終わりにしましょうか？　All right everyone, let's wrap things up.
- S 鈴木先生、ありがとうございました。とても勉強になりました。　You're the best, Ms. Suzuki. We learned a lot.

＊ You're the best. は本当にお世話になった場合から、軽いお礼の気持ちを述べる場合まで、幅広く使われる温かなニュアンスのある表現です。

4月　まず、英語であいさつしてみよう！

 **そうだったんだ！　thanks って結構使えます**

授業の終わりにthank youという習慣がついてきたら、thanksも覚えてもらいましょう。日本人の中には、thanksはthank youよりもカジュアルで、年上や立場が上の人に使うのはふさわしくないと思っている人もいますが、thanksはフレンドリーな表現で、ビジネス場面などでもよく使われるひと言です。

# Lesson 2

🔊 track_apr_02

## 英語で出席を取ってみよう！

「英語で出席を取る」と聞くと、何だかややこしく感じるかもしれませんが、実際はシンプルな英語のやりとりで簡単にできてしまいます。

### 今日は何日ですか？

**Basic! 基本**

[T] 今日は何日ですか？　　**What's today's date?**
[S] 4月23日です。　　　　**It's April 23rd.**

＊英語ではtodayで聞いて、Today is ... で答えるような形はありません。また、生徒は序数で日にちを答えることで、1から3までは「数字＋th」ではないことを覚えます。

**smart! スマートに**

[T] さあ、今日は4月何日ですか？　　**So, today's April what?**
[S] 15日です、田中先生。4月15日です。　　**The 15th, Ms. Tanaka. April 15th.**

＊このやりとりを身につけることで、生徒は、会話が常に完全な文章である必要がないことを覚えます。先生のwhat（何日）に対応する答えとして、まず日にちを答え、その後で4月15日と、きちんとした月日で答えています。このような言い方はネイティブにとっては自然なものです。こうしたことを教えてあげると生徒の肩の力が抜け、授業に楽しみを感じることができます。

Lesson 2　英語で出席を取ってみよう！

## 皆さんいますか？

 **基本**

- T 皆さんいますか？　　　　　　　　**Is everyone here today?**
- S います！／いいえ、…が欠席です。　**Yes/No, ... is absent.**

＊先生の問いに対する答えとしては、Yes.かNo.のどちらかになります。全員が出席の場合はYes.だけでも大丈夫ですが、欠席者がいる場合は、No.だけではなく「欠席者の名前」を言う必要があります。

 **スマートに**

- T 名前を呼んだら、"here"と返事してください。　　**Please say, "here" when I call your name.**
- S 了解です、竹中先生。　　**Got it, Ms. Takenaka.**

＊出席であればhereと答えることを覚えると同時に、「了解です」という了解を表す言い方を覚えます。Got it.はI got it.を短く言ったものでネイティブがよく使う言い回しです。先生の名前をつけることで、会話が生き生きとしてきます。男性の先生であれば、Mr ...と呼ぶ必要があることも同時に覚えましょう。

4月　まず、英語であいさつしてみよう！

 **アルファベット順に出席を取ってみよう**

日本では生徒を苗字のあいうえお順で呼ぶのに対し、欧米では苗字のアルファベット順に呼んでいきます。普段の出席を英語で取るのに慣れてきたら、欧米式で、アルファベット順に出席を取ってみましょう。呼ばれる順番が変わるだけでも生徒にとっては良い刺激になります。

4月 まず、英語であいさつしてみよう！

## …さんはどうしてお休みしたのですか？

 基本

[T] …さんが、どうしてお休みしたか知っている人はいませんか？

Does anyone know why ... didn't come to class?

[S] 保健室にいます。

She's in the nurse's office.

＊問いはDoes anyone know ... ? ですが、このような場合には特にYes.と答える必要はありません。また生徒の答えの日本語訳を見てわかるように、日本語ではしばしば「主語」が省略されます。英語でも場合によっては主語が省略されることもありますが、このような場合には必ず主語をつけた文章で答えさせるようにしましょう。

 スマートに

[T] 公欠ですか？

Is it an authorized absence?

[S] はい、サッカー大会で。

Yes, he's at a soccer competition.

＊休みの理由を最初から具体的に挙げているので、生徒が答えやすいものになっています。「公欠ですか？」の問いに対しては、Yes.あるいはNo.と答えることで、先生の問いに対する答えがより明確になります。Yes.であれば、そこで終わらず、その理由をきちんと説明してもらいましょう。公欠ではない場合は理由を尋ねなくてはなりません。Did he/she leave early?（彼は／彼女は早退ですか？）のようなフレーズを使って、他に考えられる休みの理由を聞いてみましょう。

# 「起立!、礼!」をやめると教室が変わる

## 「起立!、礼!」のあとの教室の雰囲気

　多くの学校では号令係りや日直が授業のはじめに、「起立!」と声をかけ、生徒は椅子から立ち上がり、姿勢を正して、「礼!」の号令とともにいっせいに礼をします。教師はなかなか気持ちが良いものです。

　しかし、ちょっと考えてみてください。そんな規律正しいあいさつの後に Hi, how are you today? It's such a lovely day, isn't it? といったあいさつをする雰囲気になるでしょうか。

　それよりも、教室のドアを開けて、Hi, everyone. How are you today? と言いながら教室に入っていったらどうでしょう。
　授業前の「起立!、礼!」をやめるだけで、英語のあいさつをしやすい教室ができます。

## 皆で一緒に英語を話したいという心理

　英語を話すことに対する精神的バリアを取り除くのも英語好きになってもらう方法の一つです。その手始めが授業のあいさつを英語にしてみることと考えてみましょう。
　あいさつを英語で言うのであれば、生徒は座ったままで大丈夫です。また、隣の友達の反応をうかがいながら、英語を話すことができます。
　一人ではなく、「皆と一緒に英語を話せる」というだけでも、生徒は心強く思うものです。

4月　まず、英語であいさつしてみよう！

# 4月の

 先生、これ英語で何て言うの？

## 入学式の英語

|  |  |
|---|---|
| 入学式 | Entrance Ceremony, Matriculation Ceremony |
| 開式の言葉 | Opening Remarks |
| 新入生入場 | New Students Entrance Procession |
| 国歌斉唱 | National Anthem |
| 校長式辞 | Principal's Address |
| …の挨拶 | Remarks from the … |
| 校歌斉唱 | School Song |
| 閉会の言葉 | Closing Remarks |
| 新入生代表 | New Students Representative |
| PTA会長 | Parent-Teacher Association President |
| 同窓会会長 | Alumni Association President |
| 在校生代表 | Student Body Representative |

**4月**の 先生、これ英語で何て言うの？

| | |
|---|---|
| 生徒会長 | **Student Council President** |
| 保護者 | **Parents and Guardians** |
| 入会式 | **Induction Ceremony** |
| 対面式 | **New and Current Students Meet and Greet** |
| 新入生歓迎会 | **(New Student) Welcoming Celebration** |
| 担任の先生 | **Homeroom Teacher** |

4月 まず、英語であいさつしてみよう！

4月　まず、英語であいさつしてみよう！

## 入学式の英会話

**A** 入学式についてどう思いましたか？
What did you think about the entrance ceremony?

**B** とても正式だったので、緊張しました。
It was very formal and it made me nervous.

**A** 校長先生のお話は気に入りましたか？
Did you like the principal's address?

**B** ええ、特に目標を設定するというところが好きでした。
Yes, I especially liked when he talked about setting goals.

**A** 生徒会長の名前を覚えましたか。
Do you remember the student council president's name?

**B** 田中ちあきさんだと思います。
I think it was Chiaki Tanaka.

**A** ご両親はPTAに入りましたか？
Did your parents join the PTA?

**B** ええ、入会式にも参加しました。
Yes, and they also participated in the induction ceremony.

**A** 校歌は覚えましたか？
Have you learned the school song?

**B** 完璧ではありませんが、毎日練習しています。
Not completely, but I'm practicing every day.

# ちょっとした指示を英語で言ってみよう！

Giving simple instructions in English!

Lesson 1　英語で指示して、生徒に動いてもらおう！
Lesson 2　生徒に英語で質問してもらおう！

# Lesson 1

## 英語で指示して、生徒に動いてもらおう!

このレッスンでは、ふだん先生が教室で行う生徒への指示を英語にしてみましょう。単純な動作の表現から、ノートを取るように依頼するものまで、教室の中で繰り返し使う言葉を英語にしてみます。

### 座って／立ってください

#### 基本

| T | 座ってください。　　　　　　　　Sit down. |
| T | 立ってください。　　　　　　　　Stand up. |

\* 基本的には生徒に対する指示ですので、大人に対してやビジネスの場では避ける必要のある言い回しです。生徒に対する口調などで指示の強さを変えることができます。

#### スマートに

| T | みなさん、席についてください。　　Have a seat, everyone. |
| T | みなさん、立ってください。　　　　Time to rise, everyone. |

\* Sit down.と違いHave a seat.は「おかけください」のニュアンスがあるので、ビジネスの場で大切なクライアントにも言うことのできる言い回しです。Time to rise.はIt's time to rise.(さあ、時間です。立ってください)を短くした言い回しです。

Lesson 1　英語で指示して、生徒に動いてもらおう！

## 手を挙げて／前に出て／黒板を消してください

### 基本

| T | 手を挙げてください。 | [réɪz]<br>Raise your hand. |
| T | 前に出てください | Come to the front of the class. |
| T | 黒板を消してください。 | Erase the blackboard. |

＊指示を出すときの基本はPlease …のない命令文です。

### スマートに

| T | 手を挙げましょう。 | Can you raise your hand? |
| T | 前に出ましょう。 | Can you come to the front? |
| T | 黒板を消してくれますか？ | Can you erase the blackboard? |

＊Can you …?（…できますか？）は「可能」以外に、「…してくれますか？」という依頼表現になります。それほど「依頼」という意味合いが強くないときでも「…しましょう」というニュアンスで使うことができる便利な表現です。

5月　ちょっとした指示を英語で言ってみよう！

### canを使って依頼してみよう

生徒に英語で簡単な指示をするとき、最初のうちは基本表現で良いですが、慣れてきたらcanを使って依頼してみましょう。
canには依頼の意味があることを先生が使うことで生徒に覚えてもらうようにしましょう。

**5月** ちょっとした指示を英語で言ってみよう！

## チェックしてください

### 基本

| T | (これについて)ノートを取ってください。 | You need to take notes on this. |
| T | …に下線を引いてください。 | Underline ... |
| T | これを赤で書いてください。 | Write this in red. |

＊生徒への指示の出し方は「…してください」が一般的ですが、You need to ...もよく使われます。直訳は「…する必要がある」ですが、これも「…してください」というニュアンスで使われます。

### スマートに

| T | これはノートを取っておいた方がいいですね。 | It'd be a good idea to take some notes on this. |
| T | …にアンダーラインを引いてください。 | Go ahead and underline ... |
| T | 必ず、これは赤字で書いておいてください。 | Be sure to write this in red. |

＊指示の出し方も色々あります。It'd be a good idea to ...は「…した方が良いですね」。Go ahead and ...は「では、…してください」。また、Be sure to ...は「必ず…しなさい」のニュアンスがあります。様々な指示を出すことで、生徒は多様な英語に慣れていきます。

Lesson 1　英語で指示して、生徒に動いてもらおう！

## 皆さん、今は授業に集中しましょう

 **基本**

[T] さあ、皆さん、授業に集中しましょう。　**All right class, let's concentrate on the lesson.**

＊生徒に直接呼びかける簡単で基本的な表現です。Let's ... を使うことで、柔らかなニュアンスになっています。

 **スマートに**

[T] さあ、皆さん、授業に集中してください。　**Let's go ahead and stay focused on the lesson.**

＊Let's go ahead and ... は行動を促すときによく使われる表現です。

 **さらにスマートに**

[T] さあ、皆さん、気をそらさないでください。　**Class, let's not get distracted.**

＊敢えて「集中しましょう」の反対の表現を使うことでより自然なニュアンスが出ています。get distracted は「気をそらす」「集中力を失う」の意味になります。Class と呼びかけることで、生徒たちの注目を集めているため、この声掛けはしっかりと生徒に届きます。

5月　ちょっとした指示を英語で言ってみよう！

# Lesson 2

## 生徒に英語で質問してもらおう！

🔊 track_may_02

教室で生徒に英語を話してもうらために、まず、生徒がふだん日本語で言う質問を英語にしてもらいましょう。ここでは「英語が苦手！」な生徒でも簡単に使えるフレーズをたくさん紹介します。

 **もう一度お願いします**

### Basic! 基本

[S] もう一度言ってくれますか？  **Can you say it again?**

＊「…してくれますか？」という意味を表すシンプルな基本表現です。「もう一度」はagainで表現できることを生徒に教えましょう。

### Smart! スマートに

[S] もう一度言っていただけますか？  **Could you repeat that?**

＊ Can you ...をより丁寧にした依頼・指示表現で、ビジネス現場でも使える万能表現です。

### Close! あと一歩

[S] もう一つお願いします。  **One more please.**

＊「もう一度言ってほしい」という意味でone more を使ってしまう生徒は多くいます。これはもう一つ何かがほしいという意味で、繰り返し言ってほしいという意味にはなりません。生徒がもう一度言ってほしいという意味でone more と言っていたら、One more pencil?(もう1本の鉛筆がいるの？)のように使い方の間違いをやさしく指摘してあげましょう。

Lesson 2　生徒に英語で質問してもらおう！

## ヒントをください

### 基本

[S] ヒントをください。　　　　　　**Can you give me a hint?**

＊Can you …? と、「疑問文」の形になっていますが、「ヒントをください」「ヒントをお願いします」のニュアンスが出ます。

### スマートに

[S] 何かヒントをお願いします。　　**Could you give me some clues?**

＊hintもclueも同じく「ヒント」と考えられますが、clueは「（問題）の糸口」「手がかり」の意味で直接的なニュアンスがあります。

### あと一歩

[S] ヒント、お願い。　　　　　　　**Hint, please.**

＊この言い方でわからない人はいません。しかし、誰かに質問をするときにこのように英語を省略してしまうと少し唐突感があります。特に先生など目上の人に話すときには失礼になるので、そのことを教えてあげましょう。

5月　ちょっとした指示を英語で言ってみよう！

5月　ちょっとした指示を英語で言ってみよう！

## …は英語で何と言いますか？

 **基本**

[S] …は英語で何と言いますか？　　　**How do you say ... in English?**

＊youが特定の人を指しているのではないことを教えてあげましょう。

 **スマートに**

[S] …にあたる英語を教えてくれますか？　**Can you give me the English for ... ?**

＊同じ意味合いでもgive me the English for ...の方がより英語らしい言い回しになります。定冠詞theが必要であることも忘れずに教えてあげてください。

 **あと一歩**

[S] …はどういう意味ですか？　　　**What does ... mean?**

＊教科書で習うWhat does ... mean?を覚えている生徒は多いですが、これは言葉の意味、つまり「定義」を聞くことになります。言葉の訳を聞くときには使われない表現なので、ここを生徒が混同しないように注意しましょう。

Lesson 2　生徒に英語で質問してもらおう！

## この単語のスペルは何ですか？

 **基本**

[S] この単語のスペルはどう書きますか？　　　**How do you spell this word?**

＊直訳「この言葉をどう綴りますか？」を教えてしまうと、日本語としては不自然になってしまいます。生徒が自然な日本語との組み合わせで英語を覚えられるようにしましょう。

 **スマートに**

[S] この単語のスペルはどうなりますか？　　　**What's the spelling for this word?**

＊「スペル」に当たる英語がspellingであることを教えましょう。

 **あと一歩**

[S] この単語の呪いは何ですか？　　　**What's the spell of this word?**

＊生徒は英語を話すとき、ほとんど品詞を意識していません。例えば、スペルという単語を知っている生徒も動詞のspellと名詞のspellの違いをわかっていないのがほとんどです。名詞にすればspellは「つづる」とは全く関係のない「（魔女の口から出る）呪い」になります。もちろん前後関係からこれを「呪い」と取られることはありませんが、品詞の違いで意味が大きく変わることも教えましょう。

5月　ちょっとした指示を英語で言ってみよう！

5月　ちょっとした指示を英語で言ってみよう！

## もう少しゆっくりと話してください

　基本

[S] もう少しゆっくり話していただけますか？

**Could you speak more slowly?**

＊Could you ... ?は依頼するときの万能表現で目上、年下など様々な人に対して、またビジネスでも日常会話でも活躍する言い回しです。「もう少し大きな声で」と言いたいのであれば、more loudlyが使えます。

　スマートに

[S] 遠藤先生、お話が少し速すぎるのですが。

**You're speaking a bit too fast, Mr. Endo.**

＊ここではslow（ゆっくり）の反対語であるfast（速い）を使って、状況を表現しています。このように反対語を使って、違うパターンの話し方をするのは英語では一般的です。

　あと一歩

[S] えっ、何？

**Pardon?**

＊誰もが知っているPardon?ですが、これには「ゆっくり言ってほしい」という意味合いはありません。Pardon?は「今何て言ったの？」と相手が言った言葉を繰り返してもらうための言い回しです。生徒がここを混同することのないようにしましょう。

Lesson 2　生徒に英語で質問してもらおう！

 先生の声が教室の後ろまで聞こえません

 基本

[S] 後ろまで聞こえません。　　We can't hear you here in the back.

＊ここでは、生徒にhear（耳に入る）とlisten（聞こうとする）の違いを教えましょう。

 スマートに

[S] 先生の声が後ろでは聞きづらいのですが。　　We're having trouble hearing you in the back.

＊have trouble ... ing（…するのに苦労する）は生徒にとってはなじみのない表現ですが、ネイティブの会話ではよく使われる表現です。何に苦労しているのか／困っているのか、自分で表現することで、この表現を覚えてもらいましょう。

5月　ちょっとした指示を英語で言ってみよう！

 あと一歩

[S] 先生の声は後ろまで届きません。　　Your voice isn't reaching the back of the room.

＊文法的には何も間違いのない表現ですが、ネイティブにとっては非常に不自然に聞こえます。最初の二文と違い、ここでは「先生の声」という無生物が主語になっていることを生徒に気づかせ、英語ではほとんどの場合、主語は人間であることを知ってもらいましょう。

5月　ちょっとした指示を英語で言ってみよう！

## 先生、黒板の字が読めません

S 少し大きく・きれいに書いていただけますか？

**Could you write a bit bigger/ neater?**

＊説明するときは「少し大きく・きれいに」が比較級であることに気づかせましょう。a bitをつけることでニュアンスが和らぎます。

S 黒板の先生の字が何だかよくわかりません。

**I'm having trouble making out what you wrote on the board.**

＊ここでも have trouble … ing（…するのに苦労する）の表現が使えます。

S 黒板の文字が読めません。

**I can't read what's on the board.**

＊日本語をそのまま英語にすればこうなるのですが、これは「文字に問題がある」というより、「自分にその能力がなくて読めない」と聞こえる可能性があるので、その点を生徒に教えてあげましょう。

Lesson 2　生徒に英語で質問してもらおう！

## （プリント配布のとき）…が足りません

  基本

[S] もらっていません。　　　　　I didn't get one.

＊「まだもらっていない」ことを表す一般的な言い回しです。

 スマートに

[S] この列には、あと3枚（個）必要です。　　We need three more in this row.

＊「もらっていません」に比べるとより具体的な言い回しになります。枚（個）、この列など、情報が明確です。数の後にmoreを入れることをこうした言い回しと一緒に覚えてもらいましょう。

 あと一歩

[S] 十分じゃありません。　　　　Not enough.

＊もちろん、これで伝わらないことはありません。しかしあと何枚（個）必要なのか情報がないので、対応するためには情報を確かめる必要があります。英語のコミュニケーションでは発言内容がより正確であることが重要です。この点を生徒にも教えてあげましょう。

5月　ちょっとした指示を英語で言ってみよう！

##  保健室に行ってもいいですか？

###  基本

[S] 保健室に行ってもいいですか？　　**May I go to the nurse's office?**

＊許可を取るときの定番表現です。先生など目上の人に許可を取るときは、May I...?が良いでしょう。では、Can I...?と尋ねることに問題はあるのでしょうか？　Can I...?の場合はやや砕けた感じに聞こえます。生徒が先生に許可を取るのであれば、May I...?が適切です。生徒からこうした質問があったときもしっかり答えられるようにしましょう。

###  スマートに

[S] 失礼して保健室に行ってもいいですか？　　**Can I be excused to go to the nurse's office?**

＊Can I be excused?は「席をはずしてもいいですか？」と許可を求める丁寧な言い回しです。

###  あと一歩

[S] 保健室に行ってもいいかなあ。　　**Is it okay if I go to the nurse's office?**

＊この言い回しは文法的には間違っていません。しかしこの表現は友人の間などで使われるもので、特に許可を取っているというニュアンスはなく、「行くからね」と伝えているイメージです。教室で先生に許可を求める表現ではありません。

## 英語を言えたらご褒美をあげよう！

生徒は自分が英語で答えられたり、質問を言えてそれが通じたときには、形にして褒めてほしいものです。授業中に、英語できちんと話せたり、質問できたときは、何かご褒美をあげるようにしましょう。

場合によってはキャンディーでもいいですし、ポイントを貯めていく方法も励みになります。生徒の授業への参加が十分であれば、宿題を一つ減らすとか、お楽しみとして、先生がかつらをかぶって授業に登場するなど…、色々なことが考えられます。

授業への積極的な参加を評価の一部とすれば生徒はやる気を起こします。各生徒がどれだけ積極的に授業に参加したのかを記録するのも良いでしょう。

そのときに気をつけなければならないのは、一人の生徒が、1時限で獲得できるポイントの上限を決めておくことです。そうすることでどの生徒もポイントを得るチャンスができます。

生徒を知り、何が彼らのやる気を起こさせるのかを色々試してみましょう。いずれにしても目的は一つ、すべての生徒がリラックスして気持ちよく英語で何かを言うことです。それも楽しみながらであれば、生徒にとってもこんなに良いことはありません。

**5月** ちょっとした指示を英語で言ってみよう！

# 5月の

先生、これ英語で何て言うの？

🔊 track_may_topic

## 遠足の英語

| | |
|---|---|
| 遠足 | field trip |
| 遠足のしおり | trip pamphlet |
| 貸切バス | charter bus |
| 引率者 | chaperon |
| 班 | team, group |
| 班長 | team captain, group leader |
| 参加者名簿 | student roster |
| 持ち物 | what to bring |
| 集合場所 | meeting spot |
| 集合時間 | meeting time |
| 出発 | departure |
| 到着 | arrival |

**5月**の 先生、これ英語で何て言うの？

|  |  |
|---|---|
| トイレ休憩 | bathroom break |
| 記念撮影 | group picture(s) |
| 一旦解散 | dispersal |
| 筆記用具持参 | writing utensils required |
| グループ分け | group distribution |
| 全体行動 | all-member activity/activities |
| 班行動 | individual group activity/activities |
| 時間厳守 | punctuality strictly enforced |
| 雨具の用意 | bring rainwear |
| 制服着用 | wear your (school) uniform |
| 自由服装 | school uniform optional |
| 華美にならずに | no flashy clothes |
| 学生らしい服装 | dress appropriately |
| 解散／帰宅 | dismissal |

**5月** ちょっとした指示を英語で言ってみよう！

遠足のために買った服なの
No flashy clothes！

5月　ちょっとした指示を英語で言ってみよう！

## 遠足の英会話

| | | |
|---|---|---|
| A | 遠足はどこに行きましたか？ | Where did you go for your field trip? |
| B | 私のクラスでは自然科学博物館へ行きました。 | My homeroom went to the Museum of Natural Science. |
| A | 服装は決まっていましたか？ | What was the dress code? |
| B | 制服を着なければなりませんでした。 | We had to wear our school uniform. |
| A | 集合場所まではどうやって行きましたか？ | How did you travel to the meeting spot? |
| B | 母が車で送ってくれました。 | My mother gave me a ride. |
| A | 引率者は誰でしたか？ | Who were the chaperons? |
| B | 担任と教頭先生でした。 | For us, it was our homeroom teacher and the vice-principal. |
| A | 楽しかったですか？ | Did you have fun? |
| B | ええ、グループのメンバーのおかげで楽しかったです。 | Yes, the people in my group made it a fun trip. |

# 6月 英語でどんどん褒めてあげよう！

Praising your students in English!

> Good job!
> Way to go!
> You can do it!

- **Lesson 1** 英語で褒めてあげよう！
- **Lesson 2** 生徒の間違いを、うまく正そう！
- **Lesson 3** 成功・失敗に関する格言を英語で教えよう！

# Lesson 1

🔊 track_june_01

## 英語で褒めてあげよう！

このレッスンでは、様々な言い回しで生徒を褒めてみましょう。英語で一言褒められるだけで、生徒のテンションは上がるものです。

### よくできました！

#### Basic! 基本

[T] やったね！　　　　　　　　　**Good job!**

＊Good job!は人を褒めるときの万能表現ですが、こればかりを使っていると単調な印象があります。goodをgreat, wonderful, marvelous, fantasticのような単語に変えてバリエーションをつけましょう。

#### Smart! スマートに

[T] やったね、いいぞ！　　　　　　**Way to go!**

＊もともとスポーツの場でゴールを決めた人などに対して「よくやったね！」という意味で使われていましたが、今では「よくやったね、おめでとう！」「いいね！」といった意味で使えます。

#### Close! あと一歩

[T] やり遂げたね！　　　　　　　　**You made it!**

＊この表現は相手の達成を祝い、健闘をたたえるためのものですが、この場面では少々大げさな印象があります。

## 惜しいね!

### Basic! 基本

[T] あと一歩!　　　　　　　　　　**(So) Close!**

＊教室だけでなくスポーツなどの場面でも使えるフレーズです。「もうちょっと!」「あと一歩だったね!」という意味で、たとえ答えが合っていなくても、成功していなくても使えるフレーズです。

### Smart! スマートに

[T] 方向性はそれで正しいですね。　　**You're on the right track.**

＊このフレーズは、実際にネガティブな言葉を使わずに「惜しい」ニュアンスを示すことができるので、生徒がそれまでの過程を褒めてもらったという気持ちになれる優しさがあります。

### Close! あと一歩

[T] ほとんど!(いまいち!)　　　　　**Almost!**

＊almostには「惜しい」という意味がありますが、単独ではなく、文章の一部として使われることで意味をなします。例えば、You almost got it!と文章の中で言えば「ほとんどわかっているね」、すなわち「惜しいね!」の意味で使うことができます。

**6月** 英語でどんどん褒めてあげよう！

## （それで）合っています！

### Basic! 基本

[T] それで合っています／正解。　　　**That's correct/right.**

＊「正解！」を表すドンピシャのフレーズです。

### smart! スマートに

[T] 理解したね！　　　**You got it!**

＊get ... で「…を理解する／把握する」という意味になります。このフレーズを使うことで、単に「その答えで合っています」と言うよりもずっと応援しているニュアンスが出ます。

### close! あと一歩

[T] 合っていますね。　　　**That matches.**

＊「合う」をmatchと訳す場面も多くありますが、それが正しい訳語かどうかは状況によります。例えば「あの曲と歌手のイメージが合っている」などと調和を表したり、「あのチームに匹敵するチームはない」など対抗するイメージを表すのはmatchですが、それは「答えが合っている」などの「正確さ」とは関連性がありません。

Lesson 1　英語で褒めてあげよう！

## がんばって！

### Basic! 基本

[T] ベストを尽くして。　　　　　　　　**Do your best.**

＊生徒を含めて相手を励ますために幅広く使われる言葉です。この声かけによって、生徒に安心感を抱かせ、もう一度チャレンジする気持ちを起こすことができます。

### Smart! スマートに

[T] あきらめないで！　　　　　　　　**Keep trying!**

＊Don't give up.とほぼ同じニュアンスです。やり続けていれば必ず結果は得られる、と伝えることができます。

### Close! あと一歩

[T] 一生懸命やりなさい。　　　　　　**Work hard.**

＊つい口をついて出てしまうひと言ですが、この言葉に生徒は少し混乱するかもしれません。こう言われれば、何も頑張っていないと言われたような気になってしまいます。

6月　英語でどんどん褒めてあげよう！

6月　英語でどんどん褒めてあげよう！

## できますよ！

### Basic! 基本

[T] やればできる！　　　　　　　　You can do it!

＊文字通りの意味の他に「頑張れ」という励ましの意味もあります。

### smart! スマートに

[T] あなたならできる。　　　　　　You've got this.

＊このフレーズには「あなたならできるのはわかっているからね、何も心配していないわ」という意味があります。

### close! あと一歩

[T] イエス、ユーキャン！　　　　　Yes, you can.

＊オバマ大統領の選挙演説でも度々出てきた有名なフレーズです。皆を鼓舞する意味がありますが、これは相手にかける言葉というよりもむしろスローガンです。もちろんユーモアあふれるフレーズですが、どちらかと言えば、相手が先生を拒否している場面で使われるイメージがあり、生徒と先生の間にずれがあることを前提にしていると言えます。

## Lesson 2 🔊 track_june_02

# 生徒の間違いを、うまく正そう!

このレッスンでは、生徒の間違いを正し、なおかつ生徒にやる気を起こさせる表現を紹介します。

## その答えでいいですか?

### Basic! 基本

[T] 確かですか?　　　　　　　　**Are you sure?**

＊生徒が間違えている場合に、その可能性をほのめかす基本的な言い回しです。「間違っていますよ」というネガティブな言い方を避けることができます。

### Smart! スマートに

[T] その答えでいいですか?　　　　**Is that your final answer?**

＊人気のあったテレビ番組、「ミリオネア」の決め台詞として有名になりました。相手に最終確認をする言い回しで、生徒の答えを確認するのにも最適です。

### close! あと一歩

[T] その答えで大丈夫ですか?　　　**Is that answer okay?**

＊直訳で自然に聞こえなかったり、またときとして批判的に聞こえたりすることがあります。この言い方はデリケートさに欠けており、「答えは間違っているから変えなさい」というニュアンスがあります。

6月　英語でどんどん褒めてあげよう！

## だんだん正解に近づいてきました！

### Basic! 基本

[T] だんだん正解に近づいていますよ。　**You're getting closer to the answer.**

＊答えは基本的には正しいけれど、完全な答えにするためにはもうひと工夫が必要であるということを伝えるためのものです。

### Smart! スマートに

[T] だんだん、近づいていきましたね。　**You're getting warmer.**

＊この言い回し「あなたはだんだん暖まってきたね」は「当てっこゲーム／推量ゲーム」で使われる慣用表現ですが、問題を解こうとしている人が正解に近づいてきたときにも使えます。逆に You're getting colder.「だんだん冷えてきたね」と言えば、正解から離れていっているという意味になります。

### Smarter! さらにスマートに

[T] 正解に近いけど、はずれだね。　**Close, but no cigar.**

＊これもまた慣用表現です。昔、クイズ番組でたばこが正解者への賞品として使われていました。つまり、ここでは「正解に近いけどたばこはあげないよ」という意味で cigar という単語が使われています。こうした由来を教えてあげると、生徒には結構うけのいい言い回しになるでしょう。「ほとんど正解。でもあとちょっと考えて」という意味の表現です。

Lesson 2　生徒の間違いを、うまく正そう！

## 慌てないで

### Basic! 基本

[T] 慌てないで、じっくり時間をかけて。　　**Take your time.**

＊誰かが行き詰ってしまって、諦めそうになっているときにかける言葉として最適です。「プレッシャーに感じる必要はないよ、リラックスしても大丈夫」と相手に伝えるための言い回しです。

### Smart! スマートに

[T] 一つずつ考えていきましょう。　　**Just take it one step at a time.**

＊相手への優しさが感じられる表現です。「急ぐ必要はないから、ひとつひとつ解いていけばいいですよ」という意味になります。

### Close! あと一歩

[T] パニックにならないで。　　**Don't panic!**

＊もちろん、表現としては有効ですが、これは基本的に火事や地震などの緊急事態を前にしたときの言い回しで、「慌てず落ち着いて」の意味になります。

6月　英語でどんどん褒めてあげよう！

6月　英語でどんどん褒めてあげよう！

## もう一回やってごらん

### Basic! 基本

[T] 惜しい！　もう一度やってごらん。　　**(Nice try.) Try again.**

\* 人のミスをあげつらうことを避けるための最も一般的な表現であると同時に、「頑張って続けて」と励ます表現でもあります。

### Smart! スマートに

[T] 別のやり方でやってみたらどう？　　**How about giving it another try?**

\* このような言い方をすれば、生徒はokayと答えざるをえません。こう言うことで、生徒たちがもう一度答えを考え直すチャンスになります。

### Smarter! さらにスマートに

[T] 別のやり方でやってみる？　　**Want to give it another shot?**

\* give ... a shotは「…をもう一度やってみる」という意味の慣用表現です。(Do you) want to ...?（…したい?）と聞いてはいますが、「やってごらん。できるから」のニュアンスがあります。

Lesson 2　生徒の間違いを、うまく正そう！

## どんな答えでもいいから、言ってごらん

### Basic! 基本

T 考え過ぎないで、やってごらん。　**Just give it a try without thinking too much.**

＊この言葉に続けて Don't worry about making a mistake.（失敗することを恐れないで）と言うことで、フォローアップすることができます。「考え過ぎないでやってみよう」という意味の言葉で、生徒はトライすることが大切だと知ります。

### Smart! スマートに

T 全力を尽くしてやってごらん。　**Give it your best shot!**

＊give ... a shot を少し変化させた形で「全力を尽くしてやってごらん」の意味です。励ましの言葉であると同時に「あなたを信じているよ」という含みがあります。

### Close! あと一歩

T どんな答えでもいいから、やってごらん。　**Any answer is fine, just try.**

＊このような表現が好まれない理由をひと言で言うのはむずかしいのですが、根本のところに、ネガティブなニュアンスがあることでしょう。この言い方だと、次の答えも間違っているというニュアンスが読み取れてしまいます。常に、先生が生徒の能力を信じているということを示すことが大切です。

6月　英語でどんどん褒めてあげよう！

## ベテラン日本人先生の 授業ノート

## 英語で褒め上手の秘訣
### 子供が何かを学んだときに見せる「純粋さ」を大切に

　英語の間違いと言っても、「文法の間違い」「Q&Aの質問に対する見当違いの答え」「単語の発音間違い」「語彙の誤用」などいろいろな間違いがありますね。その間違いを聞いたとき、教師はどう対応すべきか。なかなか悩ましいところです。

　生徒の間違いについて考える前に、子供が新しい言葉を学んだときにどんな反応をするのかを考えてみましょう。

　私の息子は小さいころ自転車の前のイスに乗って坂を下るのが大好きでした。それは「風がびゅんびゅん顔に当たってお話をしているから」だそうでした。風とお話しをするために平坦な道でもなるべくスピードを出して走ることをせがんできました。「お母さん、もっと早いく走って！」と。副詞にするにはどうやら「く」をつければいいのではと何となくわかってきていた時でした。

　英語圏の子供たちは、動詞に過去形があるのがわかるようになると、"I goed to the park yesterday." と誇らしげに言うようになります。

　このように子供は新しい感覚や物事を自分なりに理解したとき、常識からみると間違っている反応をすることがあります。こうしたとき、親や先生はどのように子供に接するべきでしょうか。

　ここでは細かい間違いを指摘するよりも子供の成長を喜ぶべきでしょう。上記の例だと、英語圏の両親は子供の過去形の間違いではなく、子供が過去形を使って英語を話したということに強く反応します。「すごい、過去形がわかるようになった」と。それがどんなものであろうと、子供が「新しいことをした」ということに敏感に反応し、それを喜ぶのです。

## 何を褒めるかが大事

　これを教室に当てはめて考えてみると、生徒の間違いを正すのではなく、まず生徒が「英語で話をした」「クラスの皆の前で勇気をだして発言をした」、こうした変化を「褒める」ということになります。

　年齢が上がるに従って「褒められてもうれしくないはず」と思いがちですが、大人だって「今日のご飯おいしいね！」と褒められれば「明日はもっとおいしいものを作ってあげよう」と思うときがあるように、褒められるということは誰にとっても嬉しいものなのです。

　発言したことを褒めれば、生徒は「先生の授業は発言すれば褒めてくれる」「間違っても褒めてくれる。何を言っても大丈夫」と思うようになります。そうすれば、自由な雰囲気の和気あいあいとしたクラスになります。

　そういったクラスでは、That is a good guess!! But sorry, that's not correct. Please listen to me again.と言ったり、Oh, OK, a nice try. But I don't understand. Did you want to say … ?と訂正しても生徒は自分が否定されたとは感じないはずです。

　間違いを指摘する前に、間違っても大丈夫だと生徒が感じられるクラス作りに努めましょう。その信頼関係のあるクラスの雰囲気が、生徒の学習意欲を引き出し、英語力を伸ばすのです。

# Lesson 3
## 成功・失敗に関する格言を英語で教えよう！

track_june_03

このレッスンでは、人生の成功や失敗に関わる格言を紹介します。プリントにして生徒に配ってあげても良いでしょう。生徒は、失敗するということが決して悪いことではないということを理解します。

## 外国の格言

Anyone who has never made a mistake has never tried anything new.
　　　　　　　　　　　　　　　　　　　　　　　　　　　Albert Einstein

一度も失敗したことがないという人は今までに一度も新しいことにチャレンジしていないことになる　　　　　　　アルバート・アインシュタイン


I have not failed. I've just found 10,000 ways that won't work.　Thomas Edison

私は決して失敗などしてはいない。ただうまくいかないであろう1万通りの方法を見つけただけだ　　　　　　　　　　　　　　　　トーマス・エジソン


I've failed over and over again in my life. That's why I succeed.　Michael Jordan

私は人生において、何度も何度も失敗を繰り返した。それ故私は成功しているのだ　　　　　　　　　　　　　　　　　　　マイケル・ジョーダン


Success is not final; failure is not fatal: it is the courage to continue that counts.　　　　　　　　　　　　　　　　　　　　　Winston Churchill

成功は最終的なものではない。失敗は致命的なことでもない。続けていく勇気こそが大切なのである　　　　　　　　　　ウィンストン・チャーチル

Failure is simply the opportunity to begin again, this time more intelligently.
　　　　　　　　　　　　　　　　　　　　　　　　　Henry Ford

失敗とは、次により賢く挑戦するための良い機会である　ヘンリー・フォード


In order to succeed, your desire for success should be greater than your fear of failure.
　　　　　　　　　　　　　　　　　　　　　　　　　Bill Cosby

成功するためには、成功を願う気持ちが、失敗を恐れる気持ちよりも大きくなければならない
　　　　　　　　　　　　　　　　　　　　　　　　　ビル・コスビー


Failures are finger posts on the road to achievement.　　C.S. Lewis

失敗とは、達成に至る道の道しるべである　　　　　　　C.S.ルイス


## 日本の格言

My pride is not in never failing, but in rising up every time I've fallen.
　　　　　　　　　　　　　　　　　　　　　　　　Soichiro Honda

私の最大の光栄は、一度も失敗しないことではなく、倒れるごとに起き上がるところにある
　　　　　　　　　　　　　　　　　　　　　　　　　本田宗一郎


Each milestone leads you to your tomorrow.　　Somegoro Ichikawa

積み重ねによって、明日が見えてくる　　　　　　市川染五郎


There's no shame in stumbling. After all, we're only human!　Mitsuo Aida

つまづいたって　いいじゃないか　だって人間だもの　　相田みつを

## 6月 英語でどんどん褒めてあげよう！

# 6月の

先生、これ英語で何て言うの？

🔊 track_june_topic

## 社会科見学の英語

| | |
|---|---|
| 社会科見学 | real world observation trip |
| | *real world 実社会 |
| 見学場所 | observation locale |
| 工場見学 | factory visit |
| 国会議事堂見学 | National Diet visit |
| 事前調査 | preliminary research/survey |
| 感想 | impression(s), thought(s) |
| レポートの提出 | essay submission |
| 体験学習 | hands-on learning |
| 職場の衛生管理 | office sanitation management |
| 工場の人員管理 | factory staff management |
| 給食センター | school food services production facility |

6月の 先生、これ英語で何て言うの？

| | |
|---|---|
| 製造工程 | **manufacturing process** |
| 製品管理 | **product management** |
| 一元管理 | **centralized management** |

6月 英語でどんどん褒めてあげよう！

6月　英語でどんどん褒めてあげよう！

## 社会科見学の英会話

A 社会科見学はどこに行きましたか？
Where did you go for the real world observation trip?

B 工場に行きました。
I went to a factory.

A 見学で何を学びましたか？
What did you learn from your trip?

B 自動車の製造工程を学びました。
I learned about the process of making cars.

A 事前調査はかなりしましたか？
Did you do a lot of preliminary research?

B ええ、ネットで国会の情報をかなり調べました。
Yes, I looked up a lot of information about the Diet online.

A 他にも見学したい場所はありますか？
Are there any other places you'd like to observe?

B 患者ケアを学びに病院を訪問したいと思います。
I'd like to visit a hospital to learn about patient care.

A 全体的な感想はどうでしたか？
What was your overall impression?

B 出会った人たちは皆、私たちの社会のために毎日一生懸命働いているんだと思いました。
I think that all of the people I met work hard every day to help our society.

# 7月 教科書を使って、英語を話そう！

Using the textbook as a conversation-starter!

**Lesson 1** 教科書を使うとき、コレだけ英語で言ってみよう！

## Lesson 1

🔊 track_july_01

# 教科書を使うとき、コレだけ英語で言ってみよう！

このレッスンでは、授業で教科書を使うときの表現を紹介します。「教科書を出してください」など、簡単そうで、パッと出てこないようなフレーズをたくさん紹介しますので、繰り返し使うことで、自然と英語が出るようにしましょう。

## 教科書を出してください

### Basic! 基本

[T] 教科書を出してください。　　**Take out your textbooks.**

[T] 教科書を出しましたか？　　**Have you taken out your textbooks?**

＊命令文の形での指示も良いですが、Have you taken out ...?「…しましたか？」のように疑問文で聞くのも良いでしょう。

### Smart! スマートに

[T] さあ、教科書を出しましょう。　　**Time to get out your textbooks.**

[T] 皆さん、教科書を出していますか？　　**Do we all have our textbooks out?**

＊Time to ...は立ちあがるよう指示するときの表現としても紹介しましたが、教科書を出してもらうときにも使えます。Do we all ...?では主語がweであるところがポイントです。一方的に生徒に言うのではなく、主語を私たちにすることで、一体感を抱かせるフレーズです。

Lesson 1　教科書を使うとき、コレだけ英語で言ってみよう！

## 教科書の…ページを開けて／見てください

### Basic! 基本

[T] 教科書の57ページを開けてください。　**Open your textbooks to page 57.**

[T] 60ページの上の方を見てください。　**Take a look at the top of page 60.**

＊topをmiddle、bottomに入れ替えるのもOKです。

### Smart! スマートに

[T] 57ページを開けましょう。　**Let's turn to page 57.**

[T] 60ページの上を見てください。　**I'd like you to refer to the top of page 60.**

＊Let's …（…しましょう）にするとニュアンスがずっとソフトになります。

### Smarter! さらにスマートに

[T] 皆さん、57ページをめくってください。　**Everyone, time to flip to page 57.**

[T] 60ページの上に注目しましょう。　**Let's all draw our attention to the top of page 60.**

＊先生が「読む」「開ける」という指示を生徒に与えるときturnだけでなく、flip to（めくる）などの表現を使うこともできます。また、「見る」というニュアンスを表現するフレーズにも色々あり、draw one's attention to …（…に注目する）などもその一つです。

7月　教科書を使って、英語を話そう！

**7月** 教科書を使って、英語を話そう！

## 今日は…ページから始めます

### Basic! 基本

[T] 今日は45ページの上（下）から7行目から始めます。

**Today, let's start at line 7 from the top (bottom) on page 45.**

＊生徒にとっては最も簡単でなじみのあるstartを、beginに置き換えるのも良いでしょう。

### Smart! スマートに

[T] 今日は45ページの上（下）から7行目から始めます。

**Today, let's pick up at the 7th line from the top (bottom) on page 45.**

＊pick upがbegin withと言い換えられることを覚えれば語彙の幅が広がります。

### Close! あと一歩

[T] 今日は45ページの上から7行目から始めます。

**Today, let's start from line 7 from the top of page 45.**

＊見た感じでは誤りでないようにも見えますが、文の後ろにfrom the top of …のようにfromがあるので、その前にstart from …を使うと文章が不自然になります。

Lesson 1　教科書を使うとき、コレだけ英語で言ってみよう！

## 前回はどこまでやりましたか？

### Basic! 基本

[T] 前回はどこまでやりましたか？　　**Where did we leave off last time?**

[S] 68ページの5行目まで終わりました。　　**We left off at line 5 on page 68.**

＊leave off（止める）を使った基本的な言い回しです。Where did we leave off ... ?は定番表現として覚えてしまいましょう。

### Smart! スマートに

[T] 前回はどこまで行きましたか？　　**How far did we get last time?**

[S] 68ページ5行目までです。　　**We went up to line 5 on page 68.**

＊教科書の進み具合「どこまで」をHow far ... ?で聞いています。なかなか思い浮かばない表現ですが、実はほとんど直訳なので、生徒にも理解しやすい表現になります。

### Smarter! さらにスマートに

[T] 前回はどこまででしたか？　　**Where were we last time?**

[S] 68ページの5行目です。　　**We were on the 5th line on page 68.**

＊「どこにいたか？」が直訳ですが、be動詞を使ったこのような表現は使い勝手もよく覚えやすいのでどんどん使いたいところです。

7月　教科書を使って、英語を話そう！

**7月** 教科書を使って、英語を話そう！

## 辞書はありますか？／…を辞書で引いてみてください

### Basic! 基本

[T] 皆さん、辞書はありますか？
**Does everyone have their dictionary?**

[T] 辞書を忘れた人はいませんね？
**Nobody forgot their dictionary, right?**

[T] …を辞書で引いてみてください。
**Look up ... in your dictionaries.**

＊ここでは「皆さん」をeveryoneにしています。文法的にはeveryoneの所有格はhis or herが正しいのですが、最近はtheirが使われるようになりました。

### Smart! スマートに

[T] 辞書を出して準備はできましたか？
**Do we have our dictionaries out and ready?**

[T] 皆さん、辞書はここにありますね？
**We haven't left our dictionaries somewhere else, have we?**

[T] …を辞書で調べてください。
**Can you find the word ... in your dictionary?**

＊「…を辞書で調べてください」を疑問文の指示にすることでソフトなニュアンスを出しています。生徒はYes.あるいはNo.と気軽に答えられます。

Lesson 1　教科書を使うとき、コレだけ英語で言ってみよう！

## 教科書の最初の文をノートに写してください

### Basic! 基本

T　2行目の最初の文をノートに写してください。

Copy the 1st sentence on the 2nd line into your notebooks.

＊「(…をノートに)写す」が皆がよく知っているcopyであることを初めて知る生徒もいるはずです。

### Smart! スマートに

T　2行目の最初の文章をノートに書き留めてください。

Jot down the 1st sentence on the 2nd line into your notebooks.

＊生徒にとっては目新しい言葉 jot downには「書き留める」「メモを取る」の意味があります。生徒が使える質問として Do I need to jot this down?（メモを取ればいいですか?）なども教えると覚えやすいでしょう。

### そうだったんだ！　pleaseは使いすぎると不自然です

「…してください。」というときには実際pleaseを使うことが多くなります。しかし、この言い方に頼りすぎると、声のトーンによっては皮肉に聞こえたり、高圧的に聞こえるので、あまりpleaseに頼りすぎないようにしましょう。

7月　教科書を使って、英語を話そう！

ベテラン日本人先生の 授業ノート

## 英語を話すための教科書の使い方

### 教科書のQ&Aで、TMを使うのはNG

　教科書の本文の理解を確認するために、Q&Aを用意し授業を進めている先生が最近は増えています。とても良いことだと思います。教科書の教員用指導書(TM)にもQ&Aがありますが、それは参考程度にして自分で書きたいものです。というのも自分のクラスに合ったQ&Aは自分でしか書けないからです。
　その理由は以下です。

- TMは自分が今担当している生徒を想定して書かれたものではない
- 生徒が教科書以外の教材で学習している語彙を知っているのは担当教師だけ
- 教科書以外で学習している語彙を使ったQ&Aは語彙定着を促す
- Q&Aのパラフレーズを適切にできるのは生徒の英語力を知っている担当教師だけ
- 生徒の興味・関心を一番知っているのは担当教師だけ
- パラフレーズにふさわしい語彙を探しながらQ&Aを書くことにより担当教員の英語力もアップする

### 自分で考えた教科書のQ&Aは授業のスクリプトになる

　自分でQ&Aを書くメリットはこれだけではありません。
　自分で書いた教科書のQ&Aは授業のスクリプトにもなるのです。しかし、このQ&A作りには膨大な準備が必要です。
　生徒にわかるようにと教科書の本文を英語で説明しようとすると、テーマについての広い知識が必要となります。
　このため、Wikipediaなどのインターネットサイトなどと首っ引きで予習をすることになります。でもこの予習が教師の英語力をアップさせてくれるのです。「予習は生徒のためならず」です。

## Q&Aをプリントにするのは NG

　しかし、このQ&Aをプリントにして配布してしまうのはNGです。プリントにして配布してしまうと、生徒は「どうせ後で先生がプリントを配ってくれるから」と教師の質問を苦労して聞こうとはしなくなります。
　生徒が口頭の質問を理解できない場合は、「ゆっくり繰り返す」「別の単語を使い、言い換える」など、本書の表現などを参考に色々と試してみましょう。これがなかなか難しいのですが、生徒のわかりそうな語彙を使い、生徒の顔の表情を見ながら、いろいろと言い換えていく作業は実はなかなか楽しいものです。生徒は懸命に聞こうとしますから。
　こうした作業こそが指導教師の英語の表現力を磨いてくれるのです。

## 教科書について英語で話す教室を作る

　教科書の1課が終了したら、本文を生徒にまとめさせるのも、語彙・語法定着に有効です。その際には、覚えてほしい語彙・語法を指定してサマリーを書かせるのも良いでしょうし、語数を指定して書かせ、書いたものをペアやグループで読み合い、コメントを書くようにすると、自分がうまく表現できなかったものを友人から学ぶことができ、いい刺激になります。
　また本文から単語だけ30語から40語抜き出し、その単語を見てサマリーをパートナーに話させるのも一案です。サマリーを授業内で書かせたり、話させたりするときは、時間を区切って作業をさせた方が、次の作業にスムーズに移れてメリハリがつきます。
　サマリーテリングの場合は、単語を抜き出す時間は5分、サマリーテリングの時間は3分くらいが良いリズムを作ります。時間の設定は目の前の生徒の様子を見て決めると良いでしょう。サマリーを書かせる場合は50語程度で5～7分、お互いのサマリーを読む時間は人数にもよりますが、人数×1分程度を目安にすると大体グループ内でサマリーを一巡して読めると思います。

**7月** 教科書を使って、英語を話そう！

# 7月の

先生、これ英語で何て言うの？

🔊 track_july_topic

## 夏休み前の英語

| | |
|---|---|
| 海辺、ビーチ | beach |
| バーベキュー | BBQ (barbecue) |
| アイス（クリーム） | ice cream |
| 氷 | ice |
| 蚊 | mosquito |
| （魚）釣り | fishing |
| 日焼け（炎症を伴う） | sunburn |
| 日焼け（炎症を起こさない程度の） | suntan |
| 日焼け止め | sunscreen |
| サングラス | sunglasses |
| スイカ | watermelon |
| スイカ割り | watermelon smash |

**7月**の 先生、これ英語で何て言うの？

| | |
|---|---|
| 蒸し暑い | **muggy, hot and humid** |
| 扇風機 | **(electric) fan** |
| うちわ、扇子 | **fan** |
| 短パン | **shorts** |
| 水着 | **bathing suit（女） /(swim) trunks（男）** |
| （車で）遠出する | **go on a road trip** |
| アイスキャンディー | **popsicle** |
| プール | **pool** |

**7月** 教科書を使って、英語を話そう！

7月　教科書を使って、英語を話そう！

# 夏休み前の英会話

| A | 夏が好きですか、それとも冬？ それは何故ですか？ | Do you prefer summer or winter? Why? |
| B | 戸外で時間をより多く過ごせるから夏の方が好きです。 | I like summer better because we can spend more time outside. |

| A | 夏の行事で好きなのは？ | What are your favorite summer activities? |
| B | 海岸へ行くこと、バーベキュー、キャンプが好きです。 | I enjoy going to the beach, barbecuing and camping. |

| A | 夏はいつもどんな服装ですか？ | What do you usually wear in summer? |
| B | いつもサンダルを履いて、薄い生地の洋服を着て、サングラスをかけています。 | I usually wear sandals, clothes made from thin fabrics, and sunglasses. |

| A | 夏の休日を二つ思いつきますか？ | Can you think of two holidays in summer? |
| B | ええと、海の日とお盆です。 | Well, there's Marine Day and Obon. |

| A | どうやって太陽から自分を守っていますか？ | How do you protect yourself from the sun? |
| B | いつも日焼け止めを塗って、帽子をかぶっています。 | I try to put on sunscreen and wear hats. |

# 8月 学校のあらゆるものを英語で言ってみよう！

English names for people, places and things around school!

### Lesson 1 「黒板」「出席簿」を英語で言ってみよう！
### Lesson 2 「日直」「給食当番」を英語で言ってみよう！
### Lesson 3 「校長室」「職員室」を英語で言ってみよう！
### Lesson 4 休日・祭日を英語で言ってみよう！

## Lesson 1

### 「黒板」「出席簿」を英語で言ってみよう!

track_aug_01

このレッスンでは教室にあるもの、または生徒が毎日学校へ持ってくるものを英語で何というかを紹介します。いつも教室で使うものですから、授業をするときにこれらの言葉をできるだけ英語で言うようにすれば、自然と頭に定着するようになります。

### 教室にあるものに関する英語

|  |  |
|---|---|
| 黒板 | blackboard |
| チョーク | chalk |
| 出席簿 | (attendance) roster |
| 生徒手帳 | student handbook |
| 鉛筆 | pencil |
| 鉛筆削り | (pencil) sharpener |
| 油性ペン | permanent marker |
| 色鉛筆 | colored pencil |
| 筆記用具 | writing utensils |
| 蛍光ペン | highlighter |
| シャープペンシル | mechanical pencil |

## Lesson 1 「黒板」「出席簿」を英語で言ってみよう!

| | |
|---|---|
| (鉛筆などの)芯 | lead |
| ボールペン | ballpoint pen |
| サインペン | felt-tip marker |
| 消しゴム | eraser |
| 定規 | ruler |
| 筆箱 | pencil case |
| ノート | notebook |
| ルーズリーフ | loose leaf paper |
| 大学ノート | college-ruled paper |
| ふせん | post-it note, sticky note |
| のり | glue |
| はさみ | (a pair of) scissors |
| ホッチキス | stapler |
| ホッチキス針 | staples |
| クリアファイル | clear folder |

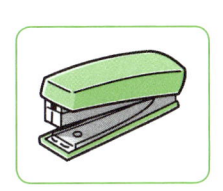

8月 学校のあらゆるものを英語で言ってみよう!

# Lesson 2

## 「日直」「給食当番」を英語で言ってみよう！

🔊 track_aug_02

このレッスンでは、生徒が教室で行う当番に関する英語を紹介します。学校生活においては、教室での係から生徒会の役職まで、生徒が責任を負うべき当番は様々です。

### 当番に関する英語

| | |
|---|---|
| 日直 | student in charge, be in charge of ... |
| 給食当番 | (student in charge of) school lunch duties |
| 掃除当番 | (student in charge of) cleaning duties |
| 黒板係 | (student in charge of) blackboard duties |
| 配布係 | (student in charge of) passing-out & collecting papers |
| …部長 | ... team captain |
| …部員 | ... club member, ... team member |
| …部マネジャー | ... club manager, ... team manager |
| 生徒会長 | student council president |
| 副会長 | student council vice-president |

Lesson 2 「日直」「給食当番」を英語で言ってみよう！

| | |
|---|---|
| （環境）美化委員 | ecology & environs commissioner |
| 図書委員 | library commissioner |
| 体育委員 | sports commissioner |
| 保健委員 | health commissioner |
| …委員会 | ... commission, ... committee |

8月 学校のあらゆるものを英語で言ってみよう！

## Lesson 3
## 「校長室」「職員室」を英語で言ってみよう!

🔊 track_aug_03

このレッスンでは、典型的な学校の部屋や施設に関する英語を紹介します。ただ言葉を覚えるだけではなく、学校の様々な教室や場所の名前などを英語で書いたラベルを作り、それを貼ってくようなゲームに使ってみても楽しいですよ。

### 学校の施設に関する英語

|  |  |
|---|---|
| 校舎 | school building |
| 教室 | classroom |
| 校長室 | principal's office |
| 職員室 | faculty room, teacher's room |
| 応接室 | reception room |
| 事務室 | main office |
| 用務員室 | janitor's office/room |
| 講堂 | auditorium, assembly hall |
| 体育館 | gymnasium, gym |
| 音楽室 | music room |

Lesson 3 「校長室」「職員室」を英語で言ってみよう！

| | |
|---|---|
| 実験室 | laboratory, lab |
| LL教室 | language lab/laboratory |
| 食堂 | (school) cafeteria |
| トイレ | restroom |
| 会議室 | meeting room |
| 機械室 | mechanical room, boiler room |
| 休憩室 | teachers break room, teachers lounge |
| 多目的室 | multipurpose room |
| 視聴覚教室 | audio-visual room, media room |
| 美術室 | art room |
| 保健室 | nurse's office, health room |
| 調理室 | cooking room |
| 印刷室 | copy room |
| 図書室 | library |
| 校庭 | courtyard, schoolyard |

# Lesson 4

## 休日・祭日を英語で言ってみよう！

このレッスンでは「休日」に関する言葉を紹介します。個々の休日も英語で説明してあります。生徒に毎月の休日とその説明を英語で書いてもらい、その月に学校の掲示板などに貼り出してもらうなど、楽しみながら英語を覚えるのに使えます。

### 日本国民の祝日（Japanese National Holidays）

#### 1月（January）

1月1日 - 元日 - 年のはじめを祝う日

1/1 - New Year's Day - A day to celebrate the start of the year

1月の第2月曜日 - 成人の日 - 成人になったことを自覚し、自ら生き抜こうとする青年を祝う日

2nd Monday in January - Coming-of-Age Day - A day to celebrate and encourage young people going into adulthood

#### 2月（February）

2月11日 - 建国記念日 - 建国を偲び、国を愛する心を養う日

2/11 - Foundation Day - A day to honor the founding of our country and to nurture patriotism

## 3月(March)

**3月19〜20／21日 - 春分の日** - 自然をたたえ、慈しむ日

**3/19〜20/21 - Vernal Equinox Day** - A day to admire and appreciate Mother Nature

## 4月(April)

**4月29日 - 昭和の日** - 激動の日々を経て、復興を遂げた昭和の時代を顧み、国の将来に思いを向ける日

**4/29 - Showa Day** - A day to reflect on the Showa period, an era of rapid changes and recovery and to give thought to our country's future

## 5月(May)

**5月3日 - 憲法記念日** - 日本憲法の施行を記念し、国の成長を願う日

**5/3 - Constitution Memorial Day** - A day to commemorate the promulgation of our national constitution and to hope for our nation's continued growth

**5月4日 - みどりの日** - 自然に親しむとともに、その恩恵に感謝し、豊かな心を育む日

**5/4 - Greenery Day** - A day to get closer to nature while appreciating its bounty and enriching our spirit

**5月5日 - こどもの日** - こどもの人格を重んじ、祝福するとともに、母に感謝する日

**5/5 - Children's Day** - A day to honor children's individuality and to celebrate them while showing appreciation to mothers

## 7月（July）

7月20日 - 海の日 - 海の恩恵に感謝するとともに、海岸国日本の繁栄を願う日

7/20 - **Marine Day** - A day to show our appreciation for the ocean's bounty and realize the importance of the sea to the island country that is our nation

## 9月（September）

9月の第3月曜日 - 敬老の日 - 多年にわたり社会に尽くしてきた老人を敬愛し、長寿を祝う日

**3rd Monday in September - Respect for the Aged Day** - A day to show our respect for those who contributed to our society over the years and to wish for their longevity

9月22〜24日 - 秋分の日 - 祖先を敬い、亡くなった人々を偲ぶ日

9/22 ~ 24 - **Autumnal Equinox Day** - A day to pay our respects to our ancestors and celebrate those who have passed away

## 10月（October）

10月の第2月曜日 - 体育の日 - スポーツに親しみ、健康な心身を培う日

**2nd Monday in October - Health & Sports Day** - A day to enjoy sports and cultivate a sound body and spirit

## 11月（November）

11月3日 - 文化の日 - 自由と平和を愛し、文化と芸術をすすめる日

11/3 - **Culture Day** - A day to celebrate the value of freedom and peace and to promote our culture and the arts

**11月23日 - 勤労感謝の日** - 勤労を尊び、生産を祝い、国民がたがいに感謝しあう日

**11/23 - Labor Thanksgiving Day** - A day to commemorate labor and production and for us, citizens, to give thanks to each other

## 12月（December）

**12月23日 - 天皇誕生日** - 天皇の誕生日を祝う日

**12/23 - The Emperor's Birthday** - A day to celebrate the Emperor's birthday

## その他の休日

**2月14日 - バレンタインデー** - 世界中で祝われているが、それぞれ習慣は異なる。

**2/14 - Valentine's Day** - Celebrated around the world, but with different customs

**3月14日 - ホワイトデー** - 祝っているのは日本、韓国、台湾。バレンタインデーに女子／女性からプレゼントをもらった男子／男性は贈り物でお返しをする。

**3/14 - White Day** - Celebrated in Japan, South Korea and Taiwan. On this day, men/boys who received gifts from women/girls on Valentine's Day have to return the favor by giving the ladies a gift.

**ゴールデンウィーク** - メディアによって名づけられた造語。4月末から5月初めまでの期間にある連続した休日のこと。

**Golden Week** - A unique Japanese term coined by the media. It is a period from the end of April to the beginning of May with a string of holidays almost right after each other.

**お盆休み** - 仏教に影響を受けた他の国にも同様の休日がある。この時期、人々は故郷に帰り、亡くなった家族のお墓参りをし、またお祭りなどを楽しむ。

**Bon Festival** - Similar holidays exist in other nations influenced by Buddhism. It is a time when people return to their hometowns, visit their late family members' graves, and enjoy festivals.

**シルバーウィーク** - 2009年に作られた新しい言葉。敬老の日と秋分の日の間はわずか1日。その間の日を国民の休日としたことで、5月のように連続した休日となった。5月のゴールデンウィークと並び、メディアがシルバーウィークと呼び始めた。

**Silver week** - A very new term coined in 2009. During that year Respect for the Aged Day and the Autumnal Equinox were only one day apart, making the day in between a Citizen's Holiday. This created a string of consecutive holidays similar to those in May so the media started referring to it as Silver Week, parallel to May's Golden Week.

**ハロウィン** - 英語圏のほとんどの国で10月31日の夜に祝う休日。子供たちは仮装をして、家々を回り、「Trick or treat!」と言ってキャンディーをもらう。「おやつをちょうだい。くれないといたずらしちゃうよ」という意味だが、多くの人は「いたずらする」こともなくただ楽しんでおやつをもらっている。

**Halloween** - Halloween is a holiday celebrated on the night of October 31st in many English speaking countries. Children wear costumes and go to peoples' houses saying "Trick or treat!" to get candy. "Trick or treat" means "Give me a treat or I will play a trick on you". However, most people just enjoy getting treats without playing tricks.

**クリスマス** - 世界中で人気のあるキリスト教徒の休日。多くの国では、家族が共に祝福するために集うシーズン。人々は天然の松の木やもみの木、あるいは人口の木を飾りつけ、贈り物を交換する。

**Christmas** - Originally a Christian holiday that has become popular around the world. In many parts of the world, this is the season when families gather to celebrate together. People decorate real pine or fir trees or artificial trees and exchange gifts.

**年末年始** - 大晦日を含む

**New Year's & the Year-end Holiday Season** - Includes New Year's Eve

**連休**

**Consecutive holidays/days off**

**振替休日**

**Substitute, Makeup (Public) Holiday**

**国民の休日**

**Citizen's Holiday**

# 8月の

先生、これ英語で何て言うの？

## 夏休みの英語

| 夏休み | summer vacation |
|---|---|
| 思い出 | a memory, memories |
| (友達と)遊ぶ | hang out (with friends/a friend) |
| お出かけ | go out |
| 別荘 | cottage |
| 遊園地 | amusement park |
| アルバイト | part-time job |
| アルバイトをする | work part-time |
| (〜と)デートする | go on a date (with) |
| 登山 | mountain climbing |
| 山に登る | climb a mountain |
| 旅行 | traveling |

**8月** の 先生、これ英語で何て言うの？

| | |
|---|---|
| 旅する | go traveling, go on a trip |
| 家にいる | be at home, stay at home |
| エアコン | a/c (air conditioner) |
| かき氷 | shaved ice, snow cone |
| お祭り | festival |
| 花火 | fireworks |
| 花火大会 | fireworks display/exhibition |
| ひと夏の恋 | a summer love |

8月 学校のあらゆるものを英語で言ってみよう！

8月　学校のあらゆるものを英語で言ってみよう！

## 夏休みの英会話

| A | 夏休みにはどこかへ行きましたか？ | Did you go anywhere for the summer vacation? |
| B | 祖父母の別荘で過ごしました。 | I spent some time in my grandparents' cottage. |
| A | 今年の夏にしたことで、何が一番楽しかった／面白かったですか？ | What was the funnest thing you did this summer? |
| B | 友人たちと遊園地へ行きました。 | I went to an amusement park with my friends. |
| A | 何かのお祭りには出ましたか？ | Did you participate in any festivals? |
| B | 出てないけど、見に行きました。花火も見ました。 | No, but I did go to watch and also saw fireworks. |
| A | 夏休みをどのようにして過ごしましたか？ | How did you spend your summer vacation? |
| B | アルバイトをして、それから英語を勉強しました。 | I worked part-time and studied English. |
| A | どのように暑さをしのぎましたか？ | How did you beat the heat this summer? |
| B | 我が家にはエアコンがないので、友人たちとショッピングモールをぶらついて涼んでいました。 | We don't have a/c in my house, so I hung out with friends at the mall to stay cool. |

# 9月 ペーパーテストのココだけ、英語にしてみよう！

Adding more English to Written Tests!

Lesson 1　問題文・設問を英語にしてみよう！
Lesson 2　赤ペン英語を使ってみよう！
Lesson 3　テストの英語を教えてあげよう！

# Lesson 1

## 問題文・設問を英語にしてみよう！

track_sep_01

ここではテストの問題文や設問に使える英語を紹介します。ふだん日本語で見慣れている問題文を英語にしてみるだけで、生徒の語彙定着につながります。

### 次の質問に答えなさい

#### Basic! 基本

[T] 次の質問に答えなさい。　　**Please answer the following questions.**

＊一般的でフォーマルな表現です。

#### Smart! スマートに

[T] 次の質問に答えなさい。　　**Answer the following questions.**

＊テストからは丁寧な表現pleaseを除き、直接的な指示文にしましょう。

#### Close! あと一歩

[T] 次の質問に対して答えなさい。　　**Please answer to the following questions.**

＊ここでは前置詞toが問題となります。answer toにすると「人の指揮下にある」という意味になってしまいます。つまり、その人が必要としていれば、求めに応じてきちんと説明しなければならないという強制的な意味合いが出てしまいます。例えば、He answers to the manager of accounting.（彼は上司に会計について報告しなければならない）のように使われます。

Lesson 1　問題文・設問を英語にしてみよう！

## ( )内の語を使って、次の英文を…

### Basic! 基本

T　カッコ内の語を使って、次の文を現在進行形に変えなさい。

**Using the words in parentheses, change the following sentences to the present continuous form.**

＊基本的な表現です。

### Smart! スマートに

T　現在進行形の文にするために、カッコ内の語を変えなさい。

**Change the following words in parentheses to make present continuous sentences.**

＊問題文をシンプルにすることで、指示が理解しやすくなります。ここで変える必要があるのは「文」ではなく「単語」です。

### Smarter! さらにスマートに

T　現在進行形にするために次の動詞を変えなさい。

**Change the following verbs to make present continuous sentences.**

＊verbsという単語を入れることで指示がより明確になります。

9月　ペーパーテストのココだけ、英語にしてみよう！

**9月** ペーパーテストのココだけ、英語にしてみよう！

## 下線部を日本語に直しなさい

### Basic! 基本

[T] 下線部を日本語に直しなさい。　**Change the underlined parts into Japanese.**

＊基本的でシンプルな表現です。

### smart! スマートに

[T] 下線部を日本語に訳しなさい。　**Translate the underlined parts into Japanese.**

＊指示をtranslateにしたことで、問題文の意図がより明確になります。

### smarter! さらにスマートに

[T] 下線部を日本語にしなさい。　**Put the underlined parts into Japanese.**

＊putは際限なく使える動詞です。putの持つ幅広さを生徒も理解できます。

Lesson 1　問題文・設問を英語にしてみよう！

## 日本語の意味に合うように…

### Basic! 基本

[T] 日本語に合うように…　　… so that it matches the Japanese.

＊この場合のmatchは「合う」という意味になります。

### Smart! スマートに

[T] 日本語に合うように…　　… so that it corresponds with the Japanese.

＊correspond with … を知っている生徒でも、意味は「文通する」としか覚えていないことが多いように思います。「…に似合う／沿う」の意味もあることをここで覚えてもらいましょう。

### Close! あと一歩

[T] 日本語の意味に合うように…　　… so that it matches the Japanese meaning.

＊完全に間違いというわけではありませんが、英語として聞くと違和感があります。meaningを抜かしても意味に変わりはありません。そのような場合には取り除くことで冗長なニュアンスがなくなります。

## これからの英語テストの作り方
### 問題文・指示文から英語にする

　英語での授業に慣れてきたらテストの問題・指示文などを英語にしてみましょう。

　これはSATやTOEFLなど、実際の英語試験などが参考になります。例えば、以下のようになります。

#### 選択肢のなかから正しいものを一つ選べ
Choose the most suitable answer from those below to complete the following sentences.

#### 空欄( a )に適語を入れよ
Fill in the blank ( a ) with an appropriate word.

#### 下線部(1)の語を並べかえて意味の通る文にせよ。解答欄にはカッコの中で3番目と6番目にくる語を答えよ。
Arrange the words in the underlined part (1) into the proper order. Write in the words for the 3rd and 6th positions in the parentheses.

　これはあくまでも一例です。いろいろな表現が可能ですので、本書に載っている表現などを参考に、自分なりに工夫してみてください。

## 英文和訳にこだわりすぎないようにする

　また作問の際に注意しなくてはならないのは、下線部を日本語に訳すことにこだわり過ぎてしまうことです。

　実際に入試問題を見てみると、私立大学では医療系を除いて英文和訳が出題されることはあまりありません。

　自分が教えている生徒が行きたい大学がどういった入試問題を出題しているのかをしっかりと把握すると自然と授業形態が変わるはずです。英語を日本語に訳せないと英語がわかったことにはならないという呪縛から解放されましょう。

　英文和訳が課されるのは国公立大学の入試問題ですが、高校1年生や2年生ではまず、この英文和訳問題を解くことはできません。

　それは、英語ができないからではなく、ほとんどの場合、書かれていることの背景知識が生徒に不足しているからです。

　また、英文和訳は日本語力にも大きく左右されます。1、2年生で、学習する英語を「聞き、話し、書く」ことができるようにして、背景知識を蓄えた3年生で英文和訳にとりかかるというようにしても良いように思います。

　ある中高一貫校の先生は「英語を日本語に訳させる出題は一切しない。その代わり日本語を英語に直す出題に努めている」と話していました。英語を学習する目的はコミュニケーション手段の獲得です。

　つまり、教科書に書かれている英語をどう使いこなせるようになるかが大切なのです。その目的にかなった出題になるようテストも工夫が必要です。

# Lesson 2

🔊 track_sep_02

## 赤ペン英語を使ってみよう！

ここではペーパーテストの評価を赤ペンで書く際に使える英語を紹介します。最初は日本語を添えて書いても良いでしょう。

### 前回のテストに比べて、理解が深まっていますね

#### Basic! 基本

[T] 前回のテストに比べて、理解が深まっていますね。この調子。

**Compared to your last exam, your understanding has improved. Keep it up!**

＊ keep it upは誰かを励ましたいとき、誰かの努力を応援したいときなど、どんな状況でも使える応援の表現です。

#### Smart! スマートに

[T] コツがわかって来ましたね。この調子。

**You're really starting to get the hang of things. Keep it up!**

＊ get the hang of ...は「…のコツがわかる／つかむ」という意味です。ここでは特に「前回のテストに比べて」に該当する文言はありませんが、start to get the hang of ...で「向上が見受けられる」ことを示唆しています。

Lesson 2　赤ペン英語を使ってみよう！

## このfastはどの言葉を修飾していますか？

### Basic! 基本

[T] このfastはどの言葉を修飾していますか？

What word is this "fast" modifying?

＊基本的な表現になります。

### Smart! スマートに

[T] fastはどの言葉に言及していますか？

What is this "fast" referring to?

＊同じ疑問文ですが、より自然な表現です。

### Smarter! さらにスマートに

[T] このfastはここではどんな働きをしていますか？

I wonder what this "fast" is doing here.

＊ここでは「修飾する」に該当する語はありませんが、簡単な単語だけで、文章におけるfastの働きを質問する文になっています。

9月　ペーパーテストのココだけ、英語にしてみよう！

9月　ペーパーテストのココだけ、英語にしてみよう！

## …がわかれば大きなヒントになりますね

### Basic! 基本

[T] もし、時制がわかれば、すべてが理解しやすくなりますね。

If you can figure out the tense, it makes everything easier to understand.

＊ ifやand then（そうすれば）を文に入れることで、生徒は答えに辿りつくためのヒントを自分で見つけることができます。

### Smart! スマートに

[T] 時制を考えてごらんなさい。そうすればわかりますよ！

Just figure out the tense, and then you've got this!

＊ よりコンパクトな表現です。and then以降で「もう少し考えれば、自分で答えが得られますよ」という励ましのニュアンスを含んだ文になっています。

### Close! あと一歩

[T] この文の時制は何ですか？　そのポイントを理解することが鍵です。

What's the tense in this sentence? Understanding that point is key.

＊ 直訳であり、またやや長く明確ではありません。

Lesson 2　赤ペン英語を使ってみよう！

## 惜しい！　ここは複数でしたね

### Basic! 基本

[T] わあ、惜しい！　ここは複数でしたね。その違いを心に焼き付けておくようにしましょう。

Ah, so close! This was supposed to be plural. Try to keep the difference in mind.

＊ keep ... in mindは「…を心に焼きつけておく」という意味です。

### Smart! スマートに

[T] ここを複数にしておけば、できていましたね！　違いを覚えておきましょう。

You could have gotten it if you had made this plural! Try to keep the difference in mind.

＊ 答えがあとほんの少しで正解であった場合によく使う表現です。

### Close! あと一歩

[T] あと一歩！　複数ですね。違いを意識しましょう。

So close! It was plural. Be more conscious of the difference.

＊ 英語で「意識する」に該当する言葉を見つけるのはなかなか簡単ではありません。be consciousも使えますが、これは相手がかなり重要なミスを犯したので、これから十分気をつけてほしいという場合の表現です。生徒の間違いを重要と考えるのが添削の目的ではありません。

9月　ペーパーテストのココだけ、英語にしてみよう！

## 残念！ ケアレスミスはちょっとした注意で防げますね

### Basic! 基本

[T] 残念ですが、これはケアレスミスですね。もう少し注意しましょう。

I'm afraid you made a careless mistake here. Try to be more careful.

＊I'm afraid that ...は「あいにく、残念なことに…」という意味で直接的な表現を和らげます。

### Smart! スマートに

[T] あらま〜！ ケアレスミスしてしまったんですね。もう少し注意してください。

Oh my! What a careless mistake. Try to be more careful.

＊Oh my!は「あらま〜」というニュアンスで「残念！」ほどのネガティブなニュアンスがないので、文全体がソフトな感じになります。

### Close! あと一歩

[T] 残念だけど。少しの注意でケアレスミスは防げますよ。

That's too bad. With a little caution, you can avoid careless mistakes.

＊「残念」はthat's too bad.と訳されることの多い表現ですが、ここは少し注意が必要です。多くの場合、That's too bad.は「あなたが気をつけないから、残念なことになるのはあなたのせい」というニュアンスがあり、誤ったメッセージを送ることになります。

## ベテラン日本人先生の授業ノート

# 赤ペンの書き方と添削の姿勢

## 赤ペン英語のコツ

　試験を赤ペンで採点する際も、英語で褒めて生徒の学習意欲を引き出すようにしたいものです。

　例えば生徒が書いた英作文やエッセイを採点するのであれば、「とても良い」「良い」「もう少し」「惜しい」「字数不足」などと、ポジティブな表現を中心に大雑把に採点します。
　よく書けているエッセイは試験の答案返却のときに読み上げます。基本は加点方式です。また生徒の多くが間違える文法項目等も採点のときに抜きだしておいてクラスで共有するようにします。

## 間違い方の個性を大切に

　日本語を英語に訳すときは、訳者の個性や英語力、好みの文体が反映されます。まじめな生徒は文法にのっとったまじめな文体で文章を書くなど、高校生といえども生徒の個性は確実に英語に反映されます。

　「正しい英文だけど、こうは言わないなぁ」という文に出くわすことが多いと思います。
　そんな時に模範解答を提示してしまうと、生徒は自分の英文が全否定されたように感じます。
　生徒の文体を尊重しつつ、一段上のレベルの英語に直してあげるのが教師の力の見せ所となります。生徒の英文を前に腕組みをして四苦八苦する教師に生徒は誠意を感じるはずです。しかし、そういった英語力を教師が備えるのはなかなか大変です。やはり、日々教科書以外の英文を多く読むように努力することが教師には必要だということでしょう。

# Lesson 3

🔊 track_sep_03

## テストの英語を教えてあげよう！

このレッスンではテストや評価に関する英語を紹介します。これらの言葉をテストや成績表のところどころに使っても良いですし、テストの評価などについて生徒と話をするときに単に紹介するだけでも良いでしょう。

### テストや評価に関する英語

| | |
|---|---|
| 試験 | exam/examination, test |
| 定例テスト | routine examination |
| 中間試験 | midterm (exam) |
| 期末試験 | end of the term exam, final (exam) |
| 面接試験 | interview test/exam (examination) |
| 再テスト | a retake |
| 追試験 | makeup exam |
| 筆記試験 | written exam |
| 模擬試験 | practice/mock test/exam (examination) |
| 学力検査 | achievement exam, aptitude test |
| 不意打ちテスト | pop quiz/test |
| 小テスト | quiz |
| 単語テスト | vocabulary quiz/test |
| 試験監督 | (test) proctor |
| 点数 | grade, mark |

Lesson 3　テストの英語を教えてあげよう！

| | |
|---|---|
| 良い点数 | good grades/marks |
| 悪い点数 | bad grades/marks |
| 赤点 | failing grade/mark |
| 平均点 | (test) average |
| 満点 | perfect score/full marks |
| とても良い | very good |
| 良い | good |
| もう少し | try again |
| 惜しい | so close |
| 字数不足 | not long enough |
| 成績 | results, grades |
| 成績表 | report card |
| …の予習をする | prepare for ... |
| …の復習をする | review ... |

### そうだったんだ！　quiz と test と exam は違います！

quiz（クイズ）とはふつうショートテストのことで、教科書でいえば短いユニットの理解を計るためのものになります。これに対し test（テスト）は、試験する部分もクイズに比べればより長い分量（ユニット全体、あるいは数章）におよびます。exam（試験）になると、試験する範囲も授業で習った1年分の知識やある科目の知識全てにおよびます。大学受験や専門分野の資格に用いられるほとんどの評価が examination（試験）と呼ばれるのはそういう理由からです。つまり、これらの言葉の違いはその評価範囲の長さということです。

9月　ペーパーテストのココだけ、英語にしてみよう！

9月　ペーパーテストのココだけ、英語にしてみよう！

# 9月の

先生、これ英語で何て言うの？

🔊 track_sep_topic

## 文化祭・体育祭の英語

| | |
|---|---|
| 文化祭・学園祭 | cultural festival, school festival |
| 開催する | hold, host |
| 校内公開 | in-school only |
| 一般公開 | open to the public |
| 模擬店 | (school festival) booth |
| 展示 | exhibit (exhibition) |
| 演奏 | performance, show |
| 劇 | play |
| 劇に出演する | act/be in a play |
| お化け屋敷 | haunted house |
| 書道パフォーマンス | live calligraphy performance/show |
| 体育祭・運動会 | sports festival, field day, sports day |

**9月**の 先生、これ英語で何て言うの？

|  |  |
|---|---|
| 競争 | contest, competition |
| 競争する | compete |
| 参加する | join, participate in |
| 優勝する | win |
| 1位、2位など | 1st place, 2nd place, etc |
| 最下位 | last place |
| 最下位になる | come in last, finish last |
| 大食い大会 | eating contest |
| 100m走 | 100m race |
| リレー走 | relay race |
| 障害物競走 | obstacle course/race |
| 二人三脚 | three-legged race |
| 綱引き | tug-of-war |
| 騎馬戦 | (field) chicken fight |
| 長縄跳び | giant jump rope contest |

＊英語圏ではchicken fightは水中（プールなど）で行う遊び

9月 ペーパーテストのココだけ、英語にしてみよう！

9月　ペーパーテストのココだけ、英語にしてみよう！

## 文化祭・体育祭の英会話

A 文化祭はいつ開催されますか？
When is the school festival held?

B 毎年、10月の第三週末ですよ。
Usually the third weekend in October.

A 何か運動会の競技には参加しますか？
Will you participate in any Sports Day contest?

B 100m走のクラス代表なんです。
I will represent my homeroom in the 100m race.

A 文化祭の中では、何の行事が好きですか？
What's your favorite event in the school festival?

B 茶道部の展示が好きなんです。実際の茶道を体験できますからね！
I like the tea ceremony club's exhibit because you can experience a real tea ceremony!

A あなたのクラスは今年優勝できると思いますか？
Do you think your homeroom will win this year?

B そうだといいです。せめてベスト3には入りたいなと思います。
I hope so. I want us to at least make it to the top 3.

A あなたの部は文化祭で何をする予定ですか？
What is your club doing for the school festival?

B ミニバスの試合を一般公開するんです。
We will be having a mini-basketball game open to the public.

# 10月 ペア・グループで英語を話そう！

English while in groups & pairs!

**Lesson 1** ペア・グループになるよう英語で指示してみよう！
**Lesson 2** ペア・グループ活動のときに英語を話してもらおう！

# Lesson 1

🔊 track_oct_01

## ペア・グループになるよう英語で指示してみよう！

先生と対面式の授業に慣れている生徒たちにとって、ペア活動やグループ活動は、授業を楽しむ絶好の機会になります。指導するときは、なるべく日本語に頼らないように、視覚資料やジェスチャーを交えながら、シンプルに説明しましょう。

### ペアを作りましょう

#### Basic! 基本

[T] ペアを作りましょう。　　**(Let's) make pairs.**

＊(Let's) get in pairs.（ペアになりましょう）でもOKです。

#### Smart! スマートに

[T] 皆さん、ペア／パートナーを見つけてください。　　**(Everyone,) pair/partner-up!**

＊pair-upやpartner-upは「パートナーを見つけてください」という意味の言い回しです。この表現にwith + 人（person/student）を加えれば、生徒がより具体的に動けるようになります。

#### Smarter! さらにスマートに

[T] 前の人／生徒とペアを組んでください。　　**Pair up with the person/student in front of you.**

＊in front of you（あなたの前の）は以下のようにも言い換えられます。
　あなたの後ろの　　　behind you
　あなたの左の／右の　to your left/right

Lesson 1　ペア・グループになるよう英語で指示してみよう！

## 机を隣同士くっつけてください

### Basic! 基本

[T] 隣同士で机をつけてください。　　**Put your desks side-by-side.**

＊「机を向き合わせてください」であればPut your desks face-to-face.になります。

### Smart! スマートに

[T] お隣の席とつけて座りましょう。　　**Sit with your desks next to each other.**

＊「机を向い合わせて座ってください」であれば、Sit with your desks facing each other. になります。

### Close! あと一歩

[T] 机をつけてください。　　**Put your desks together.**

＊この文には何の問題もありませんし、この場面にぴったり合う表現ではあります。しかし、このような曖昧な言い方をすると、生徒たちはどう座ったらいいのか、必ず聞いてきます。始めから明確な説明をすることで、余分な時間を使わないようにしましょう。

10月　ペア・グループで英語を話そう！

**10月　ペア・グループで英語を話そう！**

## ペアで活動しましょう

### Basic! 基本

T　ペアで活動しましょう。　　　**Work in pairs.**

＊基本的な言い回しです。

### Smart! スマートに

T　パートナーと活動しましょう。　　　**Work with a partner.**

＊ネイティブスピーカーは、ペアよりもパートナーをよく使います。

### Smarter! さらにスマートに

T　お隣さんと活動しましょう。　　　**Work with your neighbor.**

＊パートナーと組むように指示を与える場合に、ネイティブスピーカーはよく「お隣さん」という言い方をします。他の言葉よりもフレンドリーな感じがあります。

Lesson 1　ペア・グループになるよう英語で指示してみよう！

## グループで活動しましょう

### Basic! 基本

T　グループで活動しましょう。　　　Let's work in groups.

＊基本的な表現です。

### Smart! スマートに

T　グループワークをしましょう。　　Let's do some group work.

＊少々の違いで、さらに自然になります。

### Smarter! さらにスマートに

T　さあ、お隣さんと協力しましょう。　Time to work with your neighbors.

＊ここにも「お隣さん」という言葉を持ってきました。フレンドリーな雰囲気の維持は、英語の授業でのコミュニケーションに大きな役割を果たします。

## 四人のグループ／班になりましょう

### Basic! 基本

[T] 四人のグループを作りましょう。　　**Let's make groups of four (people).**

＊一般的で理解しやすい言い回しです。people をつけるかつけないかは自由です。日本語では数を示すときに、「…本」「…人」「…冊」などが必要になりますが、英語では数字を言うだけで十分です。

### Smart! スマートに

[T] 四人のグループになりましょう。　　**Get into groups of four.**

＊グループを作ると言うときに get into はより自然な言い方になります。

### Smarter! さらにスマートに

[T] 四人のグループを作りましょう。　　**Make four-person groups.**

＊「四人の（グループ）」を four-person (group) と表しています。これは数字にハイフンをつけることで four-person がグループにかかる「形容詞」となっていることがわかります。数字 + ハイフン =（形容詞）を使うことで文章をコンパクトにすることができます。

Lesson 1　ペア・グループになるよう英語で指示してみよう！

## 六つのグループ（班）に分けます

### Basic! 基本

[T] 五人のグループを六つ作りましょう。　**Let's make six groups of five (people).**

＊of + 数字で、何人のグループを作ろうとしているのかを示すことができます。

### Smart! スマートに

[T] 六つのグループに分かれましょう。　**Split up into six groups.**

＊divide よりも split up の方が口語的で自然です。

### Close! あと一歩

[T] クラスを六つのグループに分けます。　**I'll divide the class into six groups.**

＊ここは divide を使いたくなるところですが、長い言い回しになってしまい、生徒に親切ではありません。また日本語をそのまま英語にして Divide into six groups. と言うのも不自然です。

10月　ペア・グループで英語を話そう！

## もうグループに入れましたか？

### Basic! 基本

[T] もうグループに入れましたか？　　**Did you find a group?**

＊簡単で理解しやすい言い回しです。

### Smart! スマートに

[T] グループができましたか？　　**Do you have a group?**

＊「グループに入れましたか？」の意味ですが、英文に「可能」を示唆する言葉はありません。間違いのように感じるかもしれませんが、本来の意味を正確に表しています。

### Close! あと一歩

[T] グループに入れましたか？　　**Could you join a group?**

＊この文には問題点があります。joinを使うことで参加できなかった、つまり学生がグループに拒否されて取り残されてしまったというニュアンスを与えてしまうからです。人間関係に触れるようなことをわざわざ取り上げるのは避けた方が良いでしょう。

# Lesson 2

🔊 track_oct_02

## ペア・グループ活動のときに英語を話してもらおう！

ペア・グループ活動に少しずつなじんでいくために生徒が使えるフレーズがあります。個々のアクティビティによって使うフレーズは違ってきますが、ここではどんなグループワークであっても使えるフレーズを紹介します。

10月 ペア・グループで英語を話そう！

### 相手がいません

#### Basic! 基本

[S] パートナーがいません。　　**I don't have a partner.**

＊先生に自分の状況を伝えるための簡単でシンプルな言い回しです。

#### Smart! スマートに

[S] パートナーが見つかりません。　　**I couldn't find a partner.**

＊このフレーズを使うことで、生徒はfindという単語に慣れていきます。「パートナーは見つかりましたか？」という先生の質問にはピッタリの回答になります。

#### Close! あと一歩

[S] パートナーが必要です。　　**I need a partner.**

＊このフレーズはこの内容では十分使うことのできる言い回しです。しかし、これは多くの場合、I need/want a girlfriend/boyfriend.のように、恋愛関係で使われるフレーズであることを覚えておきましょう。

10月 ペア・グループで英語を話そう！

## グループは男女混合ですか？

### Basic! 基本

[S] グループには男女がいた方がいいですか？

**Should we have both boys and girls in our group?**

＊先生に対する問いかけとしては丁寧でしょう。

### Smart! スマートに

[S] 男女のグループを作りますか。

**Are we making boy-girl groups?**

＊boyとgirlをboy-girlのように形容詞として使うのは生徒には初めてかもしれません。このように、名詞を形容詞に変化させることができるハイフンの働きを覚えてもらうには良い方法です。

### Close! あと一歩

[S] グループは男女混合ですか？

**Are our groups mixed-gender?**

＊辞書で「男女混合」とひくと、mixed-genderと出てきます。完全に間違いとは言えませんが、特に教室の中では不自然さがあります。

Lesson 2　ペア・グループ活動のときに英語を話してもらおう！

## 三人でもいいですか？

### Basic! 基本

[S] 三人のグループを作ってもいいですか？　　**Is it all right to make a group of three people?**

＊大きなグループを作りたくても人数の関係でそれができないこともあります。そのような場合に使える言い回しです。

### Smart! スマートに

[S] 三人のグループを作ってもいいですか？　　**Can we make a group of three people?**

＊このフレーズは、三人になってもいいかと尋ねるときのフレーズでもあるので、ペアワークをする場合にも使えます。

### Close! あと一歩

[S] 三人でいいですか？　　**Is three people okay?**

＊このような直訳は不明瞭であり、また不自然です。

10月　ペア・グループで英語を話そう！

## 先生の説明わかった？

### Basic! 基本

[S] 先生の説明を理解しましたか？　　**Did you understand the teacher's explanation?**

＊直訳ではありますが、英語としてしっかり意味をなしています。

### Smart! スマートに

[S] 指示は理解しましたか？　　**Did you understand the instructions?**

＊「先生」という言葉を使わず、「説明」を「指示」に変えただけで、文章が柔らかくより自然になります。

### Smarter! さらにスマートに

[S] 先生の話を理解しましたか？　　**Did you get what the teacher was saying?**

＊生徒がgetについて本書で紹介しているような表現を練習していけば、understandの意味として使われるgetにも慣れているはずです。また<what ... be動詞 saying>は「…の話」を表すには良い表現なので、ぜひ覚えてもらいましょう。

## Lesson 2　ペア・グループ活動のときに英語を話してもらおう！

## どちらからにする？

### Basic! 基本

[S] 誰から始めますか？　　　　　**Who should go first?**

＊生徒の頭の中ではshouldは「…するべき」となっているはずですが、shouldは「…すればいいね」「…する方がいいね」という意味でも便利に使えることをここで覚えてもらいましょう。

### Smart! スマートに

[S] 先にやりたいですか？　　　　**Do you want to go first?**

＊元の日本語の意味とは若干異なりますが、「誰が先に始めるか」を問うにはより自然な言い方になります。

### Close! あと一歩

[S] 誰から、私たちは始めますか？　**From who should we start?**

＊生徒は「…から」という日本語に引きずられて、fromを使いたがりますが、直訳で英語を作ってしまうと、不自然になることを知ってもらういいチャンスです。

10月　ペア・グループで英語を話そう！

## 私から／そちらから

### Basic! 基本

[S] 私が先に始めてもいいですよ。／あなたが先に始めていいですよ。　　**I can go first./You can go first.**

＊生徒は、ここでは「できる」とは別の意味のcan（…してもいい）を練習することができます。

### Smart! スマートに

[S] わかった。私から始めるね／わかった。あなたから始めてね。　　**All right, I'll go first./All right, you go first.**

＊All rightで言葉を始めることによってグッとフレンドリーなニュアンスが出ます。

### Close! あと一歩

[S] 私から！／あなたから！　　**From me!/From you!**

＊これも、日本語の「…から」に引きずられた直訳英語です。生徒にはきちんと指摘しておきましょう。

Lesson 2　ペア・グループ活動のときに英語を話してもらおう！

## 順番をジャンケンで決めよう！

### Basic! 基本

[S] 誰が先に始めるかじゃんけんしよう。　**Let's do rock-paper-scissors to see who goes first.**

＊see who goes first は「順番を決める」の自然な訳になります。ここで生徒にはseeの持つ別の意味を覚えてもらいます。

### Smart! スマートに

[S] 順番を決めるのに、じゃんけんをしてもいいね。　**We can do rock-paper-scissors to see who goes first!**

＊このcanは「…してもいい」の意味合いであることを理解し、練習してもらいましょう。

### Close! あと一歩

[S] じゃんけんで順番を決めよう。　**Let's decide the order by rock-paper-scissors.**

＊この文のdecideは、この状況で使うことは滅多にありません。一般的にdecideは「何か重大な判断をする」というニュアンスがあります。したがって、このような場面ではピッタリきません。

10月　ペア・グループで英語を話そう！

10月　ペア・グループで英語を話そう！

## 次は誰の番？

### Basic! 基本

[S] 次は誰の番？　　　　　　　　　　Whose turn is it next?

＊シンプルな直訳ですが、意味は通じます。

### Smart! スマートに

[S] 誰が次にやる？　　　　　　　　　Who goes next?

＊誰かの順番を言うときには、ネイティブはgo first、go secondなどをよく使います。

### Smarter! さらにスマートに

[S] 次は誰？　　　　　　　　　　　　Who's next?

＊このようにシンプルに言うことで時間を節約できます。

Lesson 2　ペア・グループ活動のときに英語を話してもらおう！

## …の番だね

### Basic! 基本

[S] 私の／私たちの番だね。　　　　　　**It's my/our turn.**

＊シンプルな直訳ですが、意味は通じます。他のグループの番であることを言いたい場合は、It's Taro's turn.（太郎君の番）、It's Group A's turn.（グループAの番）というように言い換えることができます。

### Smart! スマートに

[S] 私が次。　　　　　　　　　　　　　**I'm next.**

＊be nextでよりシンプルに表現することができます。これも基本フレーズと同様、他のグループの番であることを言いたいときは、Taro is next.（次は太郎君）、Group A is next.（次はグループA）のように言い換え可能です。

### Smarter! さらにスマートに

[S] 次は私ね。　　　　　　　　　　　　**Next up is me.**

＊より明確で自然な表現で、準備万端であることを示しています。これも上記のフレーズ同様、Next up is Taro.（次は太郎ね）、Next up is Group A.（次はグループAね）のようにmeを置き換えて使うことができます。

10月　ペア・グループで英語を話そう！

## どのグループの勝ちかな？

### Basic! 基本

[S] どのグループが勝つのかしら？　　　**I wonder which group will win.**

＊非常にシンプルな表現で動詞wonderの使い方を覚えます。

### Smart! スマートに

[S] 誰が勝つと思う？　　　**Who do you think will win?**

＊自然な英語では、よく「修辞疑問文」で問いかけます。これは答えを要求していない質問になります。この文章はI wonder ...と同じ意味を表しています。

### Smarter! さらにスマートに

[S] 私たちが勝てると思う？　　　**Do you think we'll win?**

＊この表現は自分のグループに対する問いかけであり、自分たちのグループが勝つという励ましや希望のニュアンスがあります。

**ベテラン日本人先生の授業ノート**

# 一人＋一人＝3倍の学習効果

## ペア学習の効果

　ふだん生徒一人に指示することもペアでやらせてみると、それだけで大きな効果があります。本文を音読するのも一人で読むより、二人で交互に読むと緊張感が生まれます。

　ペアで音読することで、読めない単語を相手に確認することもできるし、それでもわからない場合は二人で教師に聞くこともできます。音読の後に「相手のいいところを2分間褒める」「ここを直したらもっと良くなるところを1分間でアドバイスする」ということもできます。

　英語を話す際は、まずペアで、その次にグループで、そして最後にクラスで話をするというように、少しずつ話す相手の数を増やしていくと英語を話すハードルは低くなります。

## グループでできる活動

　グループの具体的な活動としては、本文の一節を文ごとに切り取った英文を話の流れに沿うように並べ替えさせ、再度音読させることもできます。こういった活動はペアでもグループでも可能です。グループの人数は六人くらいが意思の疎通をとりやすい最大の人数でしょう。それ以上になると仲間はずれのような感じの生徒が出やすくなりがちです。

　グループごとに活動する際は、各グループを競わせると仲間意識が生まれ活動の達成感も生まれます。本文をグループで一人一文づつ読み、読み終わったグループから順次着席して競わせたり、英文の並べ替えを競わせたりするのも生徒は喜びます。グループごとにディベートをさせるのも良いでしょう。

　教師と生徒、1対1の関係を変え、生徒同士で向き合うペア・グループの活動を多くするだけで、教室の雰囲気がガラッと変わり、英語を話しやすい環境が生まれます。

10月 ペア・グループで英語を話そう！

# 10月の

先生、これ英語で何て言うの？

track_oct_topic

## ハロウィンの英語

|  |  |
|---|---|
| ハロウィン | Halloween |
| 吸血鬼、ヴァンパイア | vampire |
| 魔女（男性の場合） | witch(wizard) |
| 案山子 | scarecrow |
| 黒猫 | black cat |
| 骸骨 | skeleton |
| ジャック・オー・ランタン | jack-o-lantern |
| 幽霊 | ghost |
| ミイラ | mummy |
| クモ | spider |
| オオカミ人間、狼男 | werewolf |
| お化け屋敷、幽霊屋敷 | haunted house |

| | |
|---|---|
| コウモリ | **bat** |
| カボチャ | **pumpkin** |
| 仮装 | **costume** |
| …に仮装・扮装をする | **dress up as ...** |

## ハロウィンの英会話

| | | |
|---|---|---|
| **A** | ハロウィンには何になるつもり？ | **What are you going to be for Halloween?** |
| **B** | ミッキーマウスの扮装をしようと思っているんです。 | **I'm dressing up as Mickey Mouse.** |
| **A** | ハロウィンでキャンディーをもらうためには何て言えばいいですか？ | **What do you say to get candy on Halloween?** |
| **B** | トリックオアトリート。何か美味しい食べ物をちょうだい。 | **Trick or treat. Give me something good to eat!** |
| **A** | かぼちゃを彫るんですか？ | **Are you going to carve a pumpkin?** |
| **B** | ええ！ 玄関前に置くジャック・オー・ランタンを作るつもりです。 | **Yes! We're making a jack-o-lantern to put in front of our house.** |

10月　ペア・グループで英語を話そう！

## 合唱コンクールの英語

| | |
|---|---|
| 合唱コンクール | **chorus contest, choral competition** |
| 合唱する | **sing in chorus** |
| 合唱団 | **choir, chorus** |
| 指揮者 | **conductor** |
| 伴奏者 | **accompanist** |
| 課題曲 | **set program, assigned piece** |
| 自由曲 | **free program** |
| 歌唱力 | **vocal talent, singing ability** |

## 合唱コンクールの英会話

**A** 合唱コンクールのことが心配？

Are you nervous about the chorus contest?

**B** ええ、毎日歌の練習をしているけど、むずかしいです。

Yes, I practice singing everyday, but it's difficult.

**A** あなたのクラスでは指揮者を選んだ？

Has your homeroom chosen a conductor?

**B** いいえ、まだです。でもきっとユミかカズキになると思います。

Not yet, but I'm sure it will be Yumi or Kazuki.

**A** ようやくプログラムの歌を選んだんだ！

We finally chose the song for our set program!

**B** 本当？ すごいなあ。僕たちのクラスでは、まだ決まっていないんだ。

Really? That's great! In our homeroom, we're still undecided.

**10月** ペア・グループで英語を話そう！

# 11月 リスニングの授業で英語を使おう！

Using English during Listening Lessons!

**Lesson 1**　リスニングの授業で英語を話そう！

# Lesson 1
🔊 track_nov_01

## リスニングの授業で英語を話そう!

英語で授業を行うことによって、生徒のリスニングスキルは自然に向上します。しかし、入試やリスニングテストをともなう試験をクリアするためには、リスニングに特化した学習もしなければなりません。このレッスンではリスニング学習を行うための表現を紹介します。

### これからCDをかけます。準備はいいですか?

#### Basic! 基本

[T] これからCDをかけます。皆さん準備はいいですか?

**I'm going to play the CD now. Is everyone ready?**

＊シンプルで基本的な表現です。

#### Smart! スマートに

[T] CDがスタートします。準備はできていますか?

**Here comes the CD. Are you ready?**

＊here comes ...は「…が始まる」という意味の慣用表現です。

#### Smarter! さらにスマートに

[T] CDを聞く準備ができた人は手を挙げてください。

**Can I get a show of hands if you're ready for the CD?**

＊a show of handsを初めて聞く生徒もいると思いますが、これは「手を挙げること」を意味するフレーズで、ネイティブが大勢の人々に語りかけるときによく使う表現です。

Lesson 1　リスニングの授業で英語を話そう！

## CDを聞く前に、質問をよく見てください

### Basic! 基本

[T] CDを聞く前に質問をよく見てください。

Take a good look at the questions before listening to the CD.

＊take a lookは「調べる」のニュアンスがあり、この場面で使うにはとても良い表現です。

### Smart! スマートに

[T] 始める前に、質問を必ず理解しましょう。

Before we begin, let's make sure we understand the questions.

＊この言い方で「調べる」の意味を表しています。主語をweにすることで、質問がわからない生徒には喜んで答えようとする先生の姿勢を表すことができます。

### Close! あと一歩

[T] CDを聞く前に、注意して質問を見てください。

Look at the questions carefully before listening to the CD.

＊完全に間違いというわけではありませんが、ここでlookを使うのはやや不自然です。ネイティブであれば、別の単語や表現を選ぶはずです。

11月　リスニングの授業で英語を使おう！

11月　リスニングの授業で英語を使おう！

## まず二回流します

### Basic! 基本

T　まずCDを二回かけます。

**First, I'll play the CD two times.**

＊生徒にも簡単に理解できる基本的な表現です。

### Smart! スマートに

T　まずCDを二回聞きましょう。

**First, we'll listen to the CD twice.**

＊weを使うことで、先生が生徒のレベルにまで下りてきているイメージが与えられ、フレンドリーなニュアンスを表すことができます。

### Smarter! さらにスマートに

T　まず第一にCDを二回聞きましょう。

**For starters, we'll have two chances to listen to the CD.**

＊普通であれば「二回」はtwo timesあるいはtwiceで表しますが、two chancesとすることで、ゲームっぽさやポジティブな雰囲気を醸し出すことができます。

Lesson 1　リスニングの授業で英語を話そう！

## 一度目は全体を聞いてください

### Basic! 基本

[T] まず一度目は、どんな物語であるか考えてください。

**On the first try, figure out what the story is about.**

＊元の日本語とは若干違うように思うかもしれませんが、元の日本語のニュアンスをしっかりと伝えるものになっています。

### Smart! スマートに

[T] まず一度目は、物語の内容を理解してください。

**The first time around, try to get a grasp of the gist of the story.**

＊ここでは「話の全体」をgist（話の内容）と表しています。これが今生徒に求めていることです。

### Close! あと一歩

[T] 最初に、話全体を聞きましょう。

**The first time, listen to the whole story.**

＊直訳調で、やや曖昧で不明瞭です。この説明では生徒は何をしてよいのか判断がつきません。もう少し的確な情報が必要です。

11月　リスニングの授業で英語を使おう！

## 二回目は聞きながらメモを取りましょう

### Basic! 基本

[T] 二回目は聞きながらメモをとりましょう。

On the second try, take some notes while you listen.

＊シンプルで基本的な表現です。

### Smart! スマートに

[T] 二度目は聞きながらメモを取るようにしましょう。

The second time around, let's try to take notes while we listen.

＊より自然でフレンドリーな表現です。

### Smarter! さらにスマートに

[T] 二度目は、聞きながら詳細をメモしましょう。

The second time around, we can jot down some details while we listen.

＊より具体的な表現です。take notes ではなく jot down を使うことでよりネイティブらしい表現になっています。

Lesson 1　リスニングの授業で英語を話そう!

## 皆さん、どうでしたか？　全体を把握できましたか？

### Basic! 基本

T　どうでしたか？　物語が何についてだったかわかる人？

**How did you do? Who got what the story was about?**

＊こう聞くことによって生徒は「わかりました」と自然に答えることになります。手を挙げる生徒がいれば意見交換は活発になるでしょう。

### Smart! スマートに

T　どうでしたか？　全体像は理解できましたか？

**How did we do? Did we get the big picture?**

＊物語を一つの「絵」と捉えています。様々な情報を得ながら、大筋を捉えるという意味で、よく使われます。

### Close! あと一歩

T　どうでしたか？　だいたい理解しましたか？

**How was it? Did you generally understand it?**

＊完全に間違っているわけではありませんが、generallyはこの場面で使うには少し硬い感じがあります。

11月　リスニングの授業で英語を使おう！

## 対話で聞いた単語や表現を調べてみたいと思います

### Basic! 基本

T 対話に出てきた単語やフレーズを調べましょう。

Let's look up the words and phrases we heard in the dialogue.

＊基本的な表現で、辞書や参考資料を使っていることを表しています。

### Smart! スマートに

T 今聞いた単語やフレーズがどんな意味か、辞書で調べてみましょう。

Let's see what the dictionary says about the words and phrases we just heard.

＊dictionary saysについてはP.139を参照してください。

### Smarter! さらにスマートに

T 今聞いた単語やフレーズについてもう少し言える人はいますか？

Can anyone tell me more about the words and phrases we just heard?

＊この表現では、先生は生徒たちがすでに辞書や資料で単語やフレーズの意味を調べていると考えています。

Lesson 1　リスニングの授業で英語を話そう！

## 最初は難しいかもしれませんが…

### Basic! 基本

[T] 最初は難しいかもしれませんが、聞いているうちにリスニングには慣れていきます。

It might be hard at first, but you'll get used to these listening exercises.

＊シンプルで基本的な表現です。励ましのニュアンスがあります。

### Smart! スマートに

[T] 始めは、すべてを理解できないかもしれませんが、すぐに簡単になります。

You may not be able to catch everything in the beginning, but it gets easier.

＊「むずかしい／大変な」という意味のhardやdifficultという言葉を敢えて使わないことで、ポジティブな響きが出ます。

### Smarter! さらにスマートに

[T] リスニングの練習をするだけ、できるようになるはずです。

I promise you that you'll get better the more you practice.

＊このI promise you that …は先生が生徒に「必ず…になる」と約束したり誓ったりする意味ではありません。「きっと…になる」「…になるはず」という約束よりも強い願いを表しています。

# 11月の

先生、これ英語で何て言うの？

## 芸術鑑賞の英語

| | |
|---|---|
| 芸術 | art |
| 音楽 | music |
| …鑑賞 | ... appreciation |
| …を鑑賞する | listen to ... , enjoy ... , watch ... |
| 公演 | (public) performance |
| オーケストラ | orchestra |
| 吹奏楽 | concert band, symphonic band |
| 和太鼓 | taiko, wadaiko |
| 古典芸能 | classical (Japanese) theater |
| オペラ | opera |
| 弦楽合奏 | string orchestra |
| 木管楽器 | woodwind instrument |

**11月の** 先生、これ英語で何て言うの？

| | |
|---|---|
| 金管楽器 | brass instrument |
| ミュージカル | musical |
| クラシックバレー | (classical) ballet |
| パンフレット | brochure |
| 前売券 | advance ticket |
| 当日券 | (same-day) ticket |
| 創作ダンス | interpretive dance |
| 混声合唱団 | co-ed chorus |

**11月** リスニングの授業で英語を使おう！

**11月**　リスニングの授業で英語を使おう！

## 芸術鑑賞の英会話

| A | あなたの好きな演奏者は誰でしたか？ | What was your favorite performer? |

| B | 私はバイオリンを弾いていた子が気に入りました。 | I really liked the girl on the violin. |

| A | 何か楽器は弾けますか？ | Can you play any instruments? |

| B | 5歳からピアノを弾いています。 | I have been playing the piano since I was five. |

| A | 演劇に出たことはありますか？ | Have you ever been in a play? |

| B | ええ、英語部の「ロミオとジュリエット」の公演でロミオの役をしました。 | Yes, I was cast to be Romeo in my English club's rendition of Romeo & Juliet. |

| A | 古典劇についてはどう思いますか？ | What do you think of classical theater? |

| B | 少しテンポがゆっくりで、難解ですが、文化に近づくことができると思います。 | It's a bit slow and difficult to understand, but I can get closer to my culture. |

| A | 普段音楽を聞きますか？ | Do you usually listen to music? |

| B | はい、ベートーベンが大好きです。他のクラシックの作曲家の音楽も鑑賞します。 | Yes, I'm a big fan of Beethoven and enjoy the music of other classical composers. |

# 12月 リーディングの授業で英語を使おう！

Using more English during Reading Lessons!

> Read in a loud voice!

**Lesson 1** リーディングの授業で英語を使ってみよう！
**Lesson 2** 教科書のストーリーについて、英語で話そう！
**Lesson 3** 教科書の内容について、感想を話してみよう！

## Lesson 1 🔊 track_dec_01
# リーディングの授業で英語を使ってみよう！

このレッスンでは、リーディングの授業を行うときに使える表現を紹介します。

### …を黙読してください

#### Basic! 基本

T パート1を黙読してください。　**Read part one silently.**

＊基本的な言い回しです。

#### Smart! スマートに

T パート1を黙読してください。　**Read part one to yourself.**

＊ネイティブは「黙読する」をよく read to oneself と言います。声に出さなくても、自分の頭の中で自分に対して言葉を発しているからです。

#### Close! あと一歩

T パート1を黙読してください。　**Do some silent reading of part one.**

＊silent reading は「黙読」の直訳です。このような名詞は日常の会話には合いません。

Lesson 1　リーディングの授業で英語を使ってみよう！

## 読み終えた人は顔を上げてください

### Basic! 基本

[T] 読み終えた人は顔を上げてください。　**Raise your head after you finish reading.**

＊日本語と英語の「顔」の解釈は異なります。ここはfaceではなくheadにしてください。日本語の「小顔」はsmall headでsmall faceではありません。

### Smart! スマートに

[T] 読み終えたら、顔を上げてください。　**Look up when you're done.**

＊look upは普通は、「顔を上に向ける」と言う意味ではなく、「視線を前方に定める」という意味になります。

### Close! あと一歩

[T] 読み終えたら、顔を上げてください。　**Lift up your face when you're done.**

＊headと書くべきところをfaceと書いているのを別にしても、lift upを使うのはこの場面では少し不自然です。lift upは普通「何かを持ち上げる」の意味で使われます。例えば、Lift up your hair.（髪の毛を持ち上げてください）のように使われます。

**12月** リーディングの授業で英語を使おう！

## 大きな声で読んでください

### Basic! 基本

**T** 大きな声で読んでください。　　Read in a loud voice.

＊明確で理解しやすい指示です。

### Smart! スマートに

**T** 皆に聞こえるように読んでください。　　Read so everyone can hear you.

＊「大きな声で」と言わないこの表現は、生徒に大きな声で読むように促す自然で、ネイティブがよく使う言い回しになります。

### Smarter! さらにスマートに

**T** 恥ずかしがらないで。　　Don't be shy!

＊小さな声で話す人は「恥ずかしい」と思う気持ちが強いはずです。ですから声の大きさについて直接触れるのではなく、「恥ずかしがらないで」と言うのも自然です。

## 他の人は静かに聞いてください

### Basic! 基本

T 皆さん、静かにして、聞いてください。　　**Everyone, please be quiet and listen.**

＊明確で理解しやすい指示です。

### Smart! スマートに

T はい、聞きましょう。　　**Okay, let's listen up.**

＊生徒をその気にさせる表現です。let'sをつけることで、「先生も聞きますよ」というニュアンスがでます。

### Smarter! さらにスマートに

T 次郎が読むのをじっくり聞きましょう。　　**Let's give Jiro our undivided attention.**

＊undividedは「気持ちをそらさない／集中する」の意味なのでgive ... undivided attentionは「…の話をじっくり聞く／…にしっかり目を向ける」の意味になります。

12月　リーディングの授業で英語を使おう！

## もう少しゆっくり読んでください

### Basic! 基本

[T] もう少しゆっくり読むようにしてください。　**Try to read a little more slowly.**

＊少し速度を落として読むようにと促す簡単で優しい表現です。

### Smart! スマートに

[T] 少しゆっくり。　**Slow down just a little.**

＊ネイティブが相手に「もう少しゆっくり話してください」と頼む場合にはslow downが使われます。状況を選びませんが、just a littleとつけることでよりソフトになり、ビジネスでも使える万能表現になります。

### Close! あと一歩

[T] もう少しゆっくり読んでください。　**Read more slowly.**

＊文法的に正しいにもかかわらず、物足りなさもあり、またやや性急な感じがあります。特に、恥ずかしがり屋の生徒にはLet's ... で励ますことが大切です。

Lesson 1　リーディングの授業で英語を使ってみよう！

## このページを読みたい人（はいますか）？

### Basic! 基本

[T] このページを読みたい人はいますか？

**Does anyone want to read this page?**

＊基本的で自然な問いかけです。

### Smart! スマートに

[T] このページを読んでもいい人？

**Any volunteers to read this page?**

＊volunteerは「自主的に進んで何かをする人」という意味です。生徒に何かするように促す場合、英語圏で100パーセント使われるのがこの表現です。欧米では、自ら進んで何かをする行動力が重要とされています。生徒にはvolunteerという語にも慣れてもらいましょう。

### Close! あと一歩

[T] このページを読みたい人は誰かいますか？

**Is there anyone who wants to read this page?**

＊この英語が直訳であることとは別に、必死にお願いしているニュアンスがあります。表現が長いことも一因なので、教室で使う表現は常に「短く優しく」を心がけてください。

12月　リーディングの授業で英語を使おう！

12月　リーディングの授業で英語を使おう！

## もう少しはっきりと発音してみましょう

### Basic! 基本

T　もう少しはっきり話すようにしましょう。　　**Try speaking a bit more clearly.**

＊基本的な指示表現です。a bit（少し）は英語ではよく使われています。

### Smart! スマートに

T　ゆっくり、はっきり発音しましょう。　　**Let's sound it off slowly and clearly.**

＊「発音する」はpronounce以外にもあります。sound offはその一つです。「発音を意識する」という意味になります。

### Close! あと一歩

T　もっとはっきりと発音しましょう。　　**Try to pronounce more clearly.**

＊正しい表現ですが、自然な会話の中ではpronounceは滅多に使われません。speakあるいはsound offを使うようにしましょう。

## 辞書になんて書いてありますか?

### Basic! 基本

[T] 辞書には何が書いてありますか?　　**What's in the dictionary?**

\* be in ...は「内容」あるいは「ページ上にあるもの」に言及しています。

### Smart! スマートに

[T] 辞書ではどうなっていますか?　　**What does the dictionary say?**

\* 日本人にはなじみの薄い表現法ですが、英語では「行為をする人」すなわち、この場合のように「辞書」が重視され主語となることがよくあります。文の中に「行為をする人」がない場合は無生物が主語となります。この表現の中では「辞書」が行為者であり、何かをsayするという意味になります。

### Close! あと一歩

[T] 辞書には何が書かれていますか?　　**What's written in the dictionary?**

\* 日本語の直訳で自然ではありません。また英語では受動態はそれほど使われないことも覚えておきたいところです。

## Lesson 2
## 教科書のストーリーについて、英語で話そう！

🔊 track_dec_02

読み物を読んだ後に、生徒はそれについて考えたり、読んだことを要約することが必要となります。このレッスンでは、生徒たちの取り組みの一助となるような質問の表現を紹介します。

### この話の登場人物は？

#### Basic! 基本

[T] この物語にはどんな人物が登場しますか？

**What characters appear in this story?**

＊基本的でシンプルな表現です。

#### Smart! スマートに

[T] この物語に誰が出ているか話してくれますか？

**Can you tell me who's in this story?**

＊canを利用することで、依頼表現を作っています。

#### Close! あと一歩

[T] この物語の登場人物は誰ですか？

**Who are the characters in this story?**

＊やや曖昧な質問です。この質問だと登場人物の個々の性格や特徴を聞いているというニュアンスが出てしまいます。より自然にするなら what characters appear ... ? になります。

Lesson 2　教科書のストーリーについて、英語で話そう！

## 主人公はどのような人物ですか？

### Basic! 基本

[T] 主人公はどのような人物ですか？　　**What kind of person is the main character?**

＊基本的でシンプルな表現です。

### Smart! スマートに

[T] 主人公はどんな感じでしょうか？　　**What's the protagonist like?**

＊物語を読むにあたっては、聞き慣れないprotagonistの言葉にも慣れてもらいましょう。またWhat is ... like?は人物、場所、物の描写を尋ねるには大変便利な構文です。

### Close! あと一歩

[T] ヒーローはどんな人ですか？　　**What kind of person is the hero?**

＊完全に間違いというわけではありませんが、英語のheroには別の意味があり、この場面で使ってしまうと違和感があります。主人公は必ずしも英雄と言うわけではないからです。日本語では主人公をヒーロー、ヒロインと言いますが、英語ではそうではありません。

12月　リーディングの授業で英語を使おう！

12月　リーディングの授業で英語を使おう！

## 印象的なシーン／セリフはありましたか？

### Basic! 基本

[T] 何か印象的なシーン／セリフはありましたか？

**Were there any memorable scenes/lines in this story?**

＊基本的な表現です。

### Smart! スマートに

[T] あなたの印象に残るシーン／セリフはありましたか？

**Were there any scenes/lines that struck you?**

＊strikeは「印象に残る」「感動させる」の意味になります。

### Smarter! さらにスマートに

[T] どのシーン／セリフが印象に残りましたか？

**What scenes/lines did you find striking?**

＊youが主語になっていますが、この文では主語に「人」を置いたことで、文章がより自然になっています。英語では「人」は「行為者」になっています。
このフレーズと一緒にfind something ...の使い方も覚えておきましょう。例えば、I find this story very thought-provoking.（色々考えさせられる話だと思います）というように使います。

Lesson 2　教科書のストーリーについて、英語で話そう！

## 気に入った登場人物は誰ですか？

### Basic! 基本

[T] 誰か気に入った登場人物はいますか？　　**Do you have any favorite characters?**

＊基本的で、シンプルな表現です。

### Smart! スマートに

[T] この物語に、あなたが気に入った人はいますか？　　**Is there anyone you really liked in this story?**

＊質問に力があり、生徒は質問になぞってI really liked ... で答えればよいので、比較的答えやすい文です。

### Smarter! さらにスマートに

[T] あなたが共感できる人はいましたか？　　**Were there any characters that really spoke to you?**

＊... (really) speak to someone（誰々に…を伝える）すなわち（…に（強く）共感できる）の表現が使えることを生徒に説明しておきましょう。例えば、That song really speaks to me.（その歌詞にすごく共感できます）のように使えます。

12月　リーディングの授業で英語を使おう！

12月　リーディングの授業で英語を使おう！

## この物語のターニングポイントは？

### Basic! 基本

T　この物語のターニングポイントは何ですか？

What's the turning point in this story?

＊基本的でシンプルな表現です。

### Smart! スマートに

T　この物語のクライマックスは何ですか？

What was the climax in this story?

＊物語などについて話をするときに、ネイティブはよく「過去形」で話します。このフレーズで使われているclimaxは基本表現のthe turning pointに当たります。

### Smarter! さらにスマートに

T　話のどのあたりで、面白くなってきましたか？

When in the story do things get interesting?

＊このthingsは「話」や「ストーリーの内容」を示しています。読者にとって、面白くなってくるのは話が佳境に入ってくるあたりです。ネイティブはclimaxをget interestingと捉えています。

Lesson 2　教科書のストーリーについて、英語で話そう！

## この話のメインテーマは何でしょう？

### Basic! 基本

T この話のメインテーマは何でしょう？　　What's the central theme in this story?

＊基本的でシンプルな表現です。

### Smart! スマートに

T この物語のメインテーマは何ですか？　　What do you think this story is all about?

＊メインテーマを尋ねる自然な表現です。all about は the main idea のことです。この質問に答える場合、同じように all about を使って、He's all about winning.（彼が負けず嫌いなことです）といったように使えます。

### Smarter! さらにスマートに

T この物語で著者は何を言おうとしていると思いますか？　　What do you think the author is trying to say with this story?

＊この英語が非常に自然である理由は、you（生徒）と the author（著者）を質問の中心に据えているからです。

12月　リーディングの授業で英語を使おう！

## この話を読んで考え方がどう変わりましたか？

### Basic! 基本

T この物語はあなたの考え方を変えましたか？

Did this story change the way you think?

＊生徒に感想を尋ねる基本的でシンプルな表現です。

### Smart! スマートに

T この物語はあなたの考えに影響しましたか？

Did this story influence your thinking?

＊生徒に感想を尋ねる直接的な表現です。

### Smarter! さらにスマートに

T 著者はあなた達に何を考えてほしいと望んでいると思いますか？

What do you think the author wants you to think after reading this story?

＊ここでも you と the author がそれぞれ中心になっていることで、ネイティブらしい表現になっています。

## Lesson 3

🔊 track_dec_03

## 教科書の内容について、感想を話してみよう！

このレッスンでは生徒と教科書の内容について話し合うときに使える表現を紹介します。

### 感想を聞かせてください

#### Basic! 基本

[T] この物語についてどう思いますか？　　**What do you think about this story?**

＊感想を尋ねるときの基本的な表現です。

#### Smart! スマートに

[T] この物語についてのあなたの考えを聞かせてくれますか？　　**Can you share your thoughts on this story?**

＊依頼表現のcanをもう一度押さえておきましょう。「何かを話してほしい」と依頼する場合にはtellの代わりにshareがよく使われます。

#### Close! あと一歩

[T] 感想を話してください。　　**Tell me your impressions.**

＊直訳で不自然な表現になります。日本語の「印象」が総合的に使われるのに対してimpressionは「人、場所、行動」などに使われ、物語の印象としてはあまり使われません。

**12月** リーディングの授業で英語を使おう！

## この段落で一番大切な文はどれですか？

### Basic! 基本

[T] この段落で一番大切な文はどれですか？

**What's the most important sentence in this paragraph?**

＊意味がしっかり通じる基本的な表現です。

### Smart! スマートに

[T] この段落で最も大切な文はどれですか？

**What's the topic sentence in this paragraph?**

＊段落の中で最も大切な文を英語では topic sentence と言います。

### Smarter! さらにスマートに

[T] この段落で最も大切な文を挙げてくれますか？

**Can you point out the topic sentence in this paragraph?**

＊何かを聞きたい時の Can you point out ... ? には生徒の理解を確かめるというよりも、先生自身が情報を知りたいというニュアンスがあります。

Lesson 3　教科書の内容について、感想を話してみよう！

## 何についての話だと思いますか？

### Basic! 基本

T この物語は何についてだと思いますか？

**What do you think this story is about?**

＊直訳でありながらシンプルな表現です。

### smart! スマートに

T この物語が何についてなのか誰か言えますか？

**Can somebody tell me what this story's about?**

＊生徒の理解を確かめるより、先生自体が聞きたいというニュアンスがあり、生徒を上手にやる気にさせる表現です。

### smarter! さらにスマートに

T この物語の要点が何であるかわかりますか？

**Can you tell what the gist of this story is?**

＊生徒に何かを尋ねるときの慣用表現です。gistは「要点」や「骨子」のことで、例えば、I get the gist of what you're saying.（あなたの言っていることはわかります）のように使われます。

12月　リーディングの授業で英語を使おう！

**12月** リーディングの授業で英語を使おう！

## この語句は「何のこと」を言っているのでしょうか？

### Basic! 基本

[T] この語句は何のこと（どんなこと）を言っていると思いますか？

What do you think this phrase is about?

＊直訳でありながらシンプルな表現です。

### Smart! スマートに

[T] この語句は何に言及していますか？

What does this phrase refer to?

＊このフレーズで生徒がrefer toに慣れるようにしましょう。

### Close! あと一歩

[T] この語句はどんな状況を表していますか？

What kind of situation does this phrase express?

＊直訳であり、またポイントも見えにくい表現です。日本語の「様子（situation）」は色々な状況に対応するので、生徒にとっては的の絞りにくい質問です。英語に直す場合は、何の語について尋ねているのかをきちんと指摘しましょう。

Lesson 3　教科書の内容について、感想を話してみよう！

## ここで著者が最も言いたいことは何でしょうか？

### Basic! 基本

[T] 著者はここで何を言いたいのでしょうか？　　What does the author want to say here?

＊基本的で簡単な表現です。

### Smart! スマートに

[T] 著者は何を言おうとしていますか？　　What's the author trying to say?

＊このような問いのための自然で標準的な表現です。これはネイティブ向けの実際のテストでもよく使われます。

### Close! あと一歩

[T] ここで、著者は一番何を言いたいのでしょうか？　　What does the author want to say the most here?

＊日本語表現と英語表現には差異があります。日本語では「最も」という語はこの流れの中では自然ですが、ネイティブがmostを使うときは「最も大切なこと」を尋ねるときです。ですから、聞かれた人は「最も大切なこと」を答えなければならないと考えてしまいます。ここでは著者が何を言いたいかを聞きたいのでニュアンスが少し違います。

12月　リーディングの授業で英語を使おう！

12月　リーディングの授業で英語を使おう！

## 今回読んだ話と前回読んだ話の共通点は？

### Basic! 基本

[T] 今回読んだ話と前回読んだ話で似ている点はなんでしょうか？

What's similar between this story and the previous one?

＊similarは「二つのもの（こと）が共通して持っているもの（こと）」を意味しています。それを念頭におきましょう。

### Smart! スマートに

[T] 二つの物語に共通しているのは何ですか？

What do these two stories have in common?

＊同じことを言っていますが、こちらの方がより自然で簡単な表現です。these two storiesということで、「今回の」「前回の」のような言葉を使う必要はありません。数字を変えることで、さらに多くの物語を比較することができます。

### Close! あと一歩

[T] 今回読んだ話と前回読んだ話の共通点は何でしょうか？

What's the common point between this story and the previous one?

＊正しくないということではありませんが、やや不自然さがあります。「共通点」の直訳common pointはcommon point of viewくらいにしか使わないフレーズで日本語の共通点という意味では使われません。

Lesson 3　教科書の内容について、感想を話してみよう！

## 今回読んだ話と前回読んだ話の異なるところは？

### Basic! 基本

[T] 今回読んだ話と前回の話との異なる点はなんですか？

What's different in this story and the previous one?

＊ほとんどの生徒になじみのある基本的な表現です。

### Smart! スマートに

[T] 今回読んだ話と前回の話では何が異なっていますか？

What differs in this story and the previous one?

＊ここで初めてdifferという動詞が出てきました。表現としてはこちらの方が自然ですが、生徒たちにはなじみの薄い単語だと思うので、意味をしっかりと説明しましょう。

### Smarter! さらにスマートに

[T] この二つの物語はどのように異なりますか？

How do these two stories differ?

＊とても簡単で聞きやすい表現です。このフレーズも数字の部分を変えることでどんな数の物（こと）でも対象とすることができます。

12月　リーディングの授業で英語を使おう！

ベテラン日本人先生の **授業ノート**

# 英文和訳は高校3年生からでも入試に間に合う

## 英語を英語で読めなくなってしまう生徒

　英文和訳を習慣にしてしまうと、「一字一句英文を理解しないと、内容を把握したことにならない」という認識が生徒にできてしまいます。つまり、英文をざっくり読んで内容の大筋を把握することが苦手になってしまうのです。

　中学校のときは英語の試験で良い点数を取っていたのに高校になるとまったく英語が苦手になってしまう生徒がいます。こうした生徒に共通しているのは、教科書の予習などをする際に英文を書き写し、それを日本語に訳すことが習慣になっていることです。

　この学習方法は中学校の教科書では通用するかもしれませんが、高校の教科書では本文を書き写すだけでもかなり時間がかかりますし、その文を日本語にするのに何時間もかかってしまいます。
　しかも授業中は先生や友人の和訳のスピードが速いことがあるので、自分の訳をしっかり訂正できないこともあります。そうすると授業が終わってから再度先生に確認しなくてはならなくなります。教師も和訳の訂正を一人一人していると大変です。これでは、英語の授業をしているのか日本語の勉強をしているのかわからなくなります。

## 英語の授業の「本当の目的」を考える

　リーディングの授業では英文和訳をするのが普通だからと考えるのではなく、まず原点に戻り、そもそも英語の授業の目的は何なのかを考えてみましょう。

英語の授業の目標は主に以下のような生徒を育てることです。

①教科書の文章を自由に使える
②教科書に書かれている内容を自分なりの英語でまとめられる
③教科書に書かれている内容に対して自分なりの意見を述べられる

　こう考えると、予習や授業の一環として英文を写しそのまま訳すということが上記のような生徒を育てることにはならないとわかるはずです。
　なので、生徒がすべき予習として以下のような手順を紹介してあげると良いでしょう。

①辞書を引かないで本文を最後まで読む
②知らない単語を辞書で引く
③辞書を引いてもわからない箇所を確認する
④音読をする

　こういった予習だと1分間に100語程度しか黙読できないとしても、500語の本文を5分くらいでざっと読めることになります。音読しても、1分間に100語として、10分くらいで十分1課が読めることになります。これなら生徒も簡単に予習ができます。

## まずは量を意識する

　大学入試も大きく変わろうとしていますが、今までどおりに大学入試に英文和訳が課されるとしても、1、2年生までは「all-English」の授業をして、英文を多量に読みこなす力を養うようにしましょう。そして、3年生でそれまでに身につけた日本語力を駆使して、英文和訳のコツを学び始めても大学入試には十分間に合うはずです。また入試は満点を取る必要はありません。6～7割取れればいいのです。「英語を完全な日本語に訳すことがリーディングである」という考え方から解放されるだけでも、「英語を使う」ということに意識が集中する授業ができてくるはずです。

12月　リーディングの授業で英語を使おう！

# 12月の

先生、これ英語で何て言うの？

🔊 track_dec_topic

## クリスマスイブ・クリスマスの英語

| | |
|---|---|
| クリスマス | Christmas |
| クリスマスイブ | Christmas Eve |
| クリスマスキャロル | Christmas Carol |
| サンタクロース | Santa Claus |
| 家族 | family |
| イエス・キリスト | Jesus (Christ) |
| 天使 | angel |
| ローソク、キャンドル | candle |
| キャンディーケイン | candy cane<br>＊赤と白の縞模様があり、ステッキのように曲がっている棒あめ |
| （ツリーの）飾り | ornament |
| （サンタの）ソリ | sleigh |

| | |
|---|---|
| 暖炉 | **fireplace** |
| カップル、恋人 | **couple(s)** |
| トナカイ | **reindeer** |
| 祈り | **prayer** |

## クリスマスイブ・クリスマスの英会話

| | | |
|---|---|---|
| A | 今年のクリスマスに雪が降ると思いますか？ | **Do you think it will snow on Christmas Day this year?** |
| B | どうですかねえ（降らないと思います）。この冬はとても暖かいですから。 | **I doubt it. It's been a very warm winter.** |
| A | クリスマスイブかクリスマス当日には何か計画はありますか？ | **Do you have any plans for Christmas Eve or Christmas Day?** |
| B | 家で、ケンタッキーを注文してケーキを食べます。 | **At home, we usually order some KFC and eat Christmas cake.** |

＊KFC(Kentucky Fried Chicken)ケンタッキー・フライド・チキンのこと

| | | |
|---|---|---|
| A | あなたの家では、クリスマスツリーを飾る？ | **Do you put up a Christmas tree in your house?** |
| B | ええ、色々な飾りで、飾り付けます。 | **Yes, and we decorate it with many kinds of ornaments.** |

**12月** リーディングの授業で英語を使おう！

## 大掃除・大晦日の英語

| | |
|---|---|
| 大掃除 | **a general cleaning, spring cleaning**<br>*アメリカなどでは春に大掃除する習慣がある |
| 網戸掃除 | **cleaning the window screens** |
| ガラス磨き | **wiping the windows/mirrors** |
| 床掃除 | **cleaning the floor** |
| 換気扇掃除 | **cleaning the vents** |
| 雑巾 | **wiping cloth, (cleaning) rag** |
| ほうき（外用） | **a broom** |
| ほうき（座敷用） | **a short broom, duster** |
| 大晦日 | **New Year's Eve** |
| 年越しそば | **toshikoshi soba(buckwheat noodles eaten on New Year's Eve)** |
| 買い出し | **buy in bulk, lay in provisions** |
| 二年まいり | **midnight shrine visit** |
| 紅白歌合戦 | **New Year's Eve singing contest** |

12月の 先生、これ英語で何て言うの？

| | |
|---|---|
| 年末特番 | End-of-the- year TV show marathon(s) |
| はき納め | the last cleaning |
| 除夜の鐘 | the ringing of the New Year's Eve temple bells |
| 108の煩悩 | 108 tolls |

## 大掃除・大晦日の英会話

**A** ご家族は大みそかに神社に参拝するの？
Does your family visit the shrine on New Year's Eve?

**B** ええ、祈りながら、新年を迎えるのが好きなんです。
Yes, we like to ring in the New Year by praying.

**A** なぜ年越しそばを食べるのか説明してくれる？
Can you explain why we eat toshikoshi soba?

**B** おそばは長いから、長寿を表しているんです。
Since soba noodles are long, they are an omen for longevity.

**A** 大掃除で、お母さんのお手伝いはしているの？
Do you help your mom with the general house cleaning?

**B** 毎年、網戸掃除担当です。
Yes, every year I'm in charge of cleaning the window screens.

12月 リーディングの授業で英語を使おう！

**12月**　リーディングの授業で英語を使おう！

# 1月 ライティングの授業で英語を話そう！

Using English during Writing Lessons!

> Try not to worry about the grammar!

- **Lesson 1** 英語でライティングの指導をやってみよう！
- **Lesson 2** 日記を書くための英語を教えてあげよう！

## Lesson 1
🔊 track_jan_01

# 英語でライティングの指導をやってみよう！

生徒にとっては英語で文を書くのは困難ですが、ライティングのコツは、自分の考えをできるだけシンプルにまとめあげることです。生徒には、習った語彙と文法を使って、シンプルな短文を作るようにアドバイスしましょう。

### 書き始める前に概要を作りましょう

#### Basic! 基本

[T] 書き始める前に概要を書きましょう。

**Make an outline before you start writing.**

＊簡単で基本的な表現です。

#### smart! スマートに

[T] 始まる前に、考えを概要にまとめましょう。

**Organize your thoughts in an outline before you begin.**

＊organize one's thoughts を使うことで、単に outline で表すよりもより幅広いニュアンスが出ます。

#### close! あと一歩

[T] 書く前に計画を立てなさい。

**Before you write, make a plan.**

＊design（デザイン）、plan（計画）、blueprint（青写真）などの言葉も考えられますが、やや内容から離れます。ライティングの場合には outline が良いでしょう。

Lesson 1　英語でライティングの指導をやってみよう！

## まずは下書きをしましょう

### Basic! 基本

[T] 最初に下書きをしましょう。　　**First, let's make a rough draft.**

＊「下書き」であっても、ネイティブはwriteではなくmakeを使います。

### Smart! スマートに

[T] 下書きをすることから始めましょう。　　**Let's start by making a rough draft.**

＊let's start byには「まず」の意味が含まれていますので、ここではfirstを使う必要はありません。

### Smarter! さらにスマートに

[T] 下書きを書くことから始めましょう。　　**We can begin by making a rough draft.**

＊この場合のcanは「…しましょう」の意味。生徒は、canという語のもつ広がりを実感できます。

1月　ライティングの授業で英語を話そう！

**1月** ライティングの授業で英語を話そう！

## テーマに沿って書きましょう

### Basic! 基本

T テーマに沿って書きましょう。　**Follow the prompt when you write.**

＊日本人にとってはあまり聞き慣れないfollow the promptですが、英語圏ではライティングの授業ではよく使われる表現です。ワークシートの上部にwriting promptと書いてあれば、生徒たちが書くべきことを意味しています。

### smart! スマートに

T テーマに沿って書きましょう。　**Stick to the prompt.**

＊生徒にも覚えて欲しいstick toは「（それることなく）あるものに沿う」ことを意味しています。

### close! あと一歩

T テーマに沿って書きなさい。　**Write according to the topic.**

＊この表現に間違いはないのですが、堅い印象があります。生徒が肩の力を抜いてライティングに取り組めるよう、フレンドリーでやる気を起こさせる表現を心がけましょう。

Lesson 1　英語でライティングの指導をやってみよう！

## 文法は気にしないで書いてください

### Basic! 基本

[T] 文法はあまり気にしないようにしましょう。

**Try not to worry about the grammar.**

＊シンプルで優しい表現です。

### Smart! スマートに

[T] 文法のことは考え過ぎないようにしましょう。

**Try not to think too much about the grammar.**

＊基本表現だけでなく、この表現もバリエーションとして使えるようにしましょう。そうすることで、生徒たちがnot worryはnot think too muchであることを自然と理解することができます。

### Close! あと一歩

[T] 文法のことは気にとめないで書いてください。

**Write without caring about the grammar.**

＊not careには「どうでもいい」というネガティブなニュアンスがあります。ここでは「文法はどうでもいい」ということを言いたいわけではないので、適切な表現とは言えません。

1月　ライティングの授業で英語を話そう！

## 隣の人と交換してチェックしましょう

### Basic! 基本

[T] お隣さんと書いた紙を交換して、チェックしましょう。

**Exchange papers with your neighbor, and let's check.**

＊簡単で基本的な表現です。

### Smart! スマートに

[T] お隣さんと書いた紙を交換して、チェックしましょう。

**Trade papers with your neighbor and let's check.**

＊英語圏の教師は「交換する」と言う場合にはむしろtradeをよく使います。この単語を多く使い、ぜひ生徒にも慣れてもらいましょう。

### Close! あと一歩

[T] 隣の人と交換してチェックしましょう。

**Exchange papers with the person next to you and let's check.**

＊間違ってはいませんが、やや長く、隣の人がthe person next to youになっています。隣の人をneighborで表すほうがずっとフレンドリーなニュアンスになります。

Lesson 1　英語でライティングの指導をやってみよう！

## …日までに提出してください

### Basic! 基本

[T] これは金曜日までに出す必要があります。　　This needs to be submitted by Friday.

＊直訳ですが、意味が伝わります。

### Smart! スマートに

[T] 締め切りは金曜日です。　　The deadline is Friday.

＊英語で最も大切なのは明瞭簡潔であることです。deadline is ... でその日までであることがシンプルにわかります。

### Smarter! さらにスマートに

[T] 金曜日に提出してください。　　Turn it in on Friday.

＊turn ... in は submit と同じ意味で、先生から生徒への指示としてよく使われるフレーズです。

1月　ライティングの授業で英語を話そう！

1月　ライティングの授業で英語を話そう！

## 添削が終われば、渡します

### Basic! 基本

[T] 添削が終わればすぐに返却します。

**I'll check these and return them to you right away.**

＊直訳表現ですが、しっかりと意図が伝わるものです。

### Smart! スマートに

[T] できるだけ早く返却します。

**I'll get these back to you as soon as possible.**

＊特に添削とは言っていませんが、その意味を含んでいます。英語圏の多くの先生は課題、宿題などを返すときにはI'll get ... back to youを使っています。

### Close! あと一歩

[T] 修正した後で、皆さんにお返しします。

**I'll give these back to you after they've been corrected.**

＊日本語の直訳になってしまっています。正しい文章ですが、やや硬い表現になります。どちらかと言えば、出版社の編集者が発言しているような響きです。

**ベテラン日本人先生の授業ノート**

# ライティングはネイティブの先生と一緒に

## ネイティブの先生とできること

　学校でネイティブの先生とTT（チーム・ティーチング）の授業を行うのは、読解の授業、コミュニケーションの授業のときなのではないでしょうか。
　しかし、それよりもライティングの授業で、ネイティブの先生に協力してもらった方がより効果的です。

　ライティングの授業にネイティブの先生が入ることで、日本人には説明の難しいニュアンスを伝えてもらえたり、辞書に載っているけれど今はほとんど死語だという言い回しを生徒に伝えてもらえたりと、ネイティブの先生ならではの指摘が生きてきます。

## 入試問題もネイティブの先生と一緒に考える

　これは入試問題を考えるときにも言えることです。
　国立の入試問題では、会話文などにも穴埋め問題があります。会話の流れから、自分で文章を考えるのです。
　この空欄にどんな文が入るか、色々な文章が入ってくる可能性があります。会話の流れから、どのような言い回しが適切か、会話であるのに文章が堅くなりすぎていないかなど、ネイティブの先生と色々と議論をしながら進めることができるはずです。

　ネイティブの先生とのTTといえば、コミュニケーションの授業というイメージがあります。しかし、ライティングについても、ネイティブの先生と対話しながら進めることで、生徒は自然な英語の書き方とは何なのかを学ぶことができるのです。

# Lesson 2

## 日記を書くための英語を教えてあげよう！

track_jan_02

生徒のライティング・スキルを伸ばすのに、日記は大変効果的です。このレッスンでは、生徒が日記をつけるために必要な表現を紹介します。プリントにして配るなどして、生徒に覚えてもらいましょう。

### 日記に使える表現

毎朝寒くて起きるのがつらい。

It's so cold in the morning so it's hard to get out of bed.

今朝はバスケ部の朝練に行った。

I went to the morning practice for basketball today.

昨夜は宿題がなかなか終わらず、寝不足気味。

I don't think I got enough sleep from staying up late doing homework.

駅でまみちゃんと会って、一緒に学校へ行った。

I ran into Mami at the station so we headed off to school together.

英語の小テストは満点。やった！

Yes! I got a 100 on the English quiz.

Lesson 2　日記を書くための英語を教えてあげよう！

数学の試験は赤点だった。ホント、数学は苦手。

I failed the math test. I really suck at math.

恵美子ちゃんがダイエット中と言う噂があるけど、本当かな？

I heard Emiko's trying to lose weight. I wonder if that's true.

廊下を走っていて先生に怒られた。

I got in trouble for running in the hallway.

今日は家庭訪問のため、午後の授業はなし。

Our homeroom teachers are doing house visits today, so there aren't any afternoon classes.

そろそろ卒業後の進路を考えなくてはならない。

Soon I'm going to have to figure out what I want to do when I graduate.

母は塾に行きなさいとしつこく言うけど、行かないとだめなのかなあ。

My mom's always telling me I have to go to cram school, but I don't see why it's necessary.

いじめのないこのクラスが大好き。ずっと続けばいいなあと思う。

Everyone gets along so well in my homeroom. I hope it stays this way.

# 1月 ライティングの授業で英語を話そう！

## 1月の

先生、これ英語で何て言うの？

🔊 track_jan_topic

### お正月の英語

| | |
|---|---|
| お正月 | New Year's, the New Year |
| 元日 | New Year's Day |
| 鏡餅 | kagamimochi (Japanese New Year's decoration made of rice cakes) |
| おせち料理 | (Japanese) New Year's dishes |
| 初詣 | hatsumode (first shrine visit of the year) |
| おみくじ | fortune slip |
| 門松 | kadomatsu (Japanese New Year's decoration made of pine, bamboo or ume trees that are put on either side of the main doorway) |

1月の 先生、これ英語で何て言うの？

| | |
|---|---|
| お飾り | (Japanese New Year's) decoration |
| お雑煮 | (o)zoni (Japanese New Year's soup containing rice cakes and other ingredients) |
| 年賀状 | New Year's Greeting Cards |
| お年賀 | New Year's Gift/Greeting |
| 年始回り | New Year's Greetings Calls/Visits |
| お年玉 | New Year's Monetary Gift, handsel |

1月 ライティングの授業で英語を話そう！

# お正月の英会話

A なぜ年始回りをすると思いますか？
**Why do you think we make New Year's Greetings Calls and visits?**

B 前年にお世話になった人に感謝の気持ちを示すためだと思います。
**I think it's a way to show appreciation to the people who helped us throughout the previous year.**

A あなたの家族は今年何枚年賀状を出しましたか？
**How many New Year's Greeting Cards did your family send this year?**

B 50枚くらい出したと思います。
**I think we sent about 50 cards.**

A お正月シーズンのどんなところが好きですか？
**What's your favorite part of the New Year's season?**

B 色々なテレビのスペシャル番組を見るところです。
**Watching many kinds of TV program marathons.**

A もう初詣に行ってきましたか？
**Have you been to the shrine already this year?**

B ええ、すごくいいおみくじをひいて来ました！
**Yes, and I got a very good fortune!**

A おせち料理はたくさん食べましたか？
**Did you eat a lot of New Year's dishes?**

B ええ、まだたくさん残っています！
**Yes, we still have some leftovers!**

# 2月 英語でディスカッションしてみよう！

Debates & Discussions in English!

- **Lesson 1** 自分の意見を言ってもらおう！
- **Lesson 2** 意見や理由を説明してもらおう！

# Lesson 1

🎧 track_feb_01

## 自分の意見を言ってもらおう!

このレッスンではディスカッションをするときに自分の意見を述べ、相手の意見や行動に賛成・反対するための表現を紹介します。

### 私の意見は…です

#### Basic! 基本

[S] 私の意見では…　　　　　　　　　**In my opinion, ...**

＊自分の意見を紹介する基本的な表現です。日本語から My opinion is ... が思い浮かぶかもしれませんが、これはとても不自然に聞こえます。代わりに In my opinion, ... で文を始めましょう。

#### Smart! スマートに

[S] 私が考えるには…　　　　　　　　**The way I see it, ...**

＊多くのネイティブは自分の意見を言うときにこの表現を使います。ここでは see が「見る」ではなく「考える」の意味になっています。

#### Smarter! さらにスマートに

[S] 私が考えるには…　　　　　　　　**As far as I'm concerned, ...**

＊自分の意見を強く表現したいときには便利なフレーズです。

Lesson 1　自分の意見を言ってもらおう！

## …するべきだと思います

### Basic! 基本

[S] …するべきだと思います。　　　**I think we should ...**

＊何をすべきか自分の信念を表す基本的な表現です。

### Smart! スマートに

[S] …であることを提案します。　　　**I propose we ...**

＊何かを提案するときに使える表現です。

### Smarter! さらにスマートに

[S] …したらどうでしょう？　　　**What if we just ... ?**

＊何をすべきか自分の信念を表す非常に自然なフレーズです。ネイティブはよくこのような表現を使います。

## それはいい考えだと思います

### Basic! 基本

[S] それはいい考えだと思います。　　I think that's a good idea.

＊直訳ですが、意味は通じる基本的な表現です。

### Smart! スマートに

[S] 私はそれに賛成です。　　I'm on board with that.

＊be on board with は誰かの意見に賛成し、支持するという婉曲表現です。

### Smarter! さらにスマートに

[S] それを考えればよかった！　　I wish I had thought of that!

＊相手の考えや意見の価値を認め、敬意を払いたいときにネイティブが使う非常に自然な表現です。

Lesson 1　自分の意見を言ってもらおう！

## 賛成です

### 基本

[S] 賛成です。　　　　　　　　　　　I agree.

＊ディベートなどにはとてもシンプルで使いやすいフレーズです。

### スマートに

[S] 大賛成です。　　　　　　　　　I couldn't agree more.

＊「これ以上は賛成することはできない」すなわち「大賛成」の意味になります。I couldn't disagree less.であれば、「これ以上少なく反対することはできない」すなわち「大反対」の意味になります。

### さらにスマートに

[S] 大賛成です。　　　　　　　　　I'm all up for it.

＊be up forは相手の表明した意見に対して「反対することは何もない」という意味です。

2月　英語でディスカッションしてみよう！

## 反対です

### Basic! 基本

[S] 反対です。　　　　　　　　　　　I disagree.

＊ディベートなどには使い勝手の良いシンプルな表現です。

### Smart! スマートに

[S] 残念ですが、賛成できません。　　　I'm afraid I can't agree.

＊直接的な言葉の前にI'm afraid ...をつけることで、相手に対する否定的な言葉もソフトになります。「反対です」と言うよりも「賛成できない」というほうが相手にとっても受け入れやすい表現になります。

### Smarter! さらにスマートに

[S] ご意見はわかりましたが…　　　　I see your point, but ...

＊相手の言うことを理解したと伝えた上で、反対意見を述べるのは礼にかなっています。相手の気持ちを害したくない、あるいは、いい関係／雰囲気を維持したいと思うときに、ネイティブはよくこの表現を使います。

Lesson 1　自分の意見を言ってもらおう!

## 私はそうは思いません

### Basic! 基本

[S] 私は違う考えです。　　　　　**I have a different opinion.**

＊相手に「あなたと同じようには考えていない／感じていない」ことを伝えるための基本的な表現です。

### Smart! スマートに

[S] まったくそのようには考えていません。　　**I don't quite see it like that.**

＊「考える／理解する」という気持ちを表すときにthink/understandではなくseeを使えば、かなり自然になります。

### Close! あと一歩

[S] そうは思いません。　　　　　**I don't think so.**

＊このような表現は、そっけなさを感じさせるばかりだけでなく、相手が自分に敬意を払っていないのではないかと思わせることにもなります。
何かについて確認を求められた場合には使える表現です。例えば以下のような感じです。
　A - Did Mary go home already?（メアリーさんはもう帰りましたか?）
　B - I don't think so.（いいえ、まだいると思います）

2月　英語でディスカッションしてみよう!

## …はどうでしょうか？

### Basic! 基本

[S] アイデアとしては、これはどうでしょうか？　　**How's this for an idea?**

＊ディスカッションをしているときなどには非常にフレンドリーな表現です。例えば、How's this for an idea? If you limit the number of booklets we print, we can save on ink.「こんなのはどうかな。もし、印刷する冊子の数を制限すれば、インクが節約できるけど」というように使います。

### Smart! スマートに

[S] …を考えたことがありますか？　　**Have you considered … ?**

＊ディスカッションをしているとき、何かを提案し相手の意見を求めるときの典型的な表現です。例えば、Have you considered reducing the number of booklets?（冊子の冊数を減らすことを考えたことはありますか？）というように使います。

### Close! あと一歩

[S] …はどうですか？　　**How about … ?**

＊皆がよく知っている表現です。間違ってはいませんが、非常に弱さがあります。「…しない？」というように友人を何かに誘ったりする場合にはピッタリですが、大切な提案をするときには向きません。

# Lesson 2

🔊 track_feb_02

## 意見や理由を説明してもらおう！

英語で意見やその理由を述べるときは、直接的でなければなりません。またすべてのロジックは一本の直線を描くように関連付けられる必要があります。このレッスンでは論理的なディスカッションやディベートをするための表現を紹介します。

### ポイントを列挙する

#### Basic! 基本

[S] 第一に…、第二点としては…　　　First, ... . Second, ...

＊自分の意見の理由として、そのポイントを挙げる基本的な表現になります。

#### Smart! スマートに

[S] 最初に…、更に…　　　To begin with, ... . Moreover, ...

＊自分の意見やその理由を説明する場合に、必ずしも数字を使う必要がないことを生徒に説明してください。このようなフレーズを使うことで、自分の言いたいことに変化をつけることができます。

#### Smarter! さらにスマートに

[S] まず最初は…、更に…　　　For starters, ... . Furthermore, ...

＊ポイントを挙げる場合に、ネイティブがよく使う言い回しで、とても自然です。

## 逆説を述べる

### Basic! 基本

[S] しかし　　　　　　　　　　　　　**but**

＊butは生徒にはおなじみの単語の一つです。butは文中においては文と文の間に使われますが、話しているときはよく文頭に来ます。例えば、But I think we should make it illegal.（でもそれは非合法にすべきだと思います。）というように使われます。ここは生徒におさえてほしいポイントです。

### Smart! スマートに

[S] しかしながら／それでも　　　　**yet/however**

＊howeverを耳にしたことがある生徒でもyetにはなかなかなじみがありません。例えば、Many people believe that to be true, yet nobody speaks out.（多くの人が、それが事実であると信じている。それでも誰もが公言しないのである）というように使われます。

### Smarter! さらにスマートに

[S] それにもかかわらず　　　　　　**nevertheless**

＊neverthelessは相手の述べた意見に反対する場合に用いられます。neverthelessを使うことによって、話者が相手の意見を認めつつも、敬意を持って、しかし強く反対していることを相手に告げることができます。

# Lesson 2　意見や理由を説明してもらおう！

## 対比／対照する

### Basic! 基本

**S** 他方で／その一方　　　　　on the other hand

＊「別の観点から」という意味で使われるフレーズです。「対比／対照」する場合に用いられるもので、単独で使うことはできません。

### Smart! スマートに

**S** その一方　　　　　　　　while

＊ほとんどの生徒にとってwhileは「…の間に」ですが、二つの異なった話を比較する語としてもよく使われます。althoughと置き換え可能です。例えば、While I understand his idea, I cannot agree with him.（彼の考えは理解しますが、賛成することはできません）というように使われます。

### Smarter! さらにスマートに

**S** その一方　　　　　　　　whereas

＊whereasは「比較する」「対比する」両方の場合に使うことができ、議論する場合にはよく耳にする言葉です。例えば、Whereas there are many reasons to quit, we have to keep going to pass the test.（止める理由はいくつもあるが、テストに合格するためには、このまま頑張っていかなければならない）というように使われます。

2月　英語でディスカッションしてみよう！

## 2月　英語でディスカッションしてみよう！

## 例を挙げる

### Basic! 基本

[S] 例えば…　　　　　　　　　　　　　　**For instance, ...**

＊何かを例にとりながら、話を始めるための基本的な表現です。

### Smart! スマートに

[S] …を例に挙げて（考えて）みましょう。　　**Take ... , for example.**

＊Take ... as an example. も同じで、主に口語英語で用いられます。例えば、Many buildings in our city are in bad condition. Take our school for example.（私たちの市では、多くの建物が悪い状態にあります。私たちの学校を例にとってみましょう）というように使います。

### Close! あと一歩

[S] 例えば…　　　　　　　　　　　　　　**For example, ...**

＊多くの人が「例えば」で認識しているのは for example ですが、for example で例に挙げる事柄は比較的大きなことになるのでディスカッションの場合には不自然になります。

## そうだったんだ！ 意外と知られていない for example の使い方

日本人にはなじみの深い for example ですが、日本語から受けるニュアンスと英語のニュアンスでは違いがあることは案外知られていません。

例えば、There are many other things I need to do today. For example, go shopping and wash my car.（今日やらなければならないことがたくさんあります。例えば買い物に行くとか、車を洗うとか。）という英文で使われると違和感があります。

このような小さな事象について話すときは、for example ではなく such as を使う方が無難です。

例えば、such as ... は There are many things students need for school, such as, pens, notebooks, loose-leaf paper, dictionaries, etc.（生徒には学校の授業に必要なものが多くあります。例えば、ペン、ノート、ルーズリーフ用紙、辞書などです）のように使われます。

for example を使うのはもう少し大きな事象について言う場合で例えば、There are many other things we can do to save water, for example, reusing bath water and checking pipes for leaks.「水を節約するためには色々なことができます。例えば風呂水の再利用、水漏れがないか水道管をチェックするなどです。」というように使われるのが自然です。

**2月** 英語でディスカッションしてみよう！

## 別の言葉で言い換える

### Basic! 基本

[S] 要するに／言い換えると…　　　　　**In other words, ...**

＊何かを別な表現で言い換えるための基本的なフレーズです。

### Smart! スマートに

[S] 言い換えると…　　　　　　　　　　**To put it another way, ...**

＊このputには「言う」の意味があります。とても自然に聞こえるフレーズです。

### Smarter! さらにスマートに

[S] すなわち／つまり…　　　　　　　　**That is to say, ...**

＊ネイティブが、何かを言い換える場合に好んでよく使う表現です。

Lesson 2　意見や理由を説明してもらおう！

## 原因・結果を述べる

### Basic! 基本

[S] だから／従って／それゆえに…　　　**So, ...**

＊特に口語英語で使われる基本的で簡単な言い方です。

### Smart! スマートに

[S] その結果として…　　　**As a result, ...**

＊きちんとした場面での議論やディスカッションに使われます。

### Smarter! さらにスマートに

[S] そういうわけで…　　　**That/this is why ...**

＊やや強いニュアンスがありますが、覚えるのには簡単なフレーズです。

2月　英語でディスカッションしてみよう！

2月　英語でディスカッションしてみよう！

> **そうだったんだ！** **ネイティブが考える正論**
>
> ディスカッションにおいて、尊重されるべき意見とは何なのか考えてみましょう。例えば、以下のようなトピックに賛成である意見を述べるとします。
>
> **トピック**
>
> Smoking should be banned in public places.
>
> 喫煙は公共の場所で禁止されるべきである。
>
> **理由**
> ① it is bad
> 　よくないことである
> ② it smells and damages people's teeth
> 　匂うし、人間の歯に害を与える
> ③ secondhand smoke harms nonsmokers
> 　受動喫煙が非喫煙者にも害を与える
>
> 上記の三つの理由として一番弱いもの、また一番説得力のあるものはどれでしょうか？　ネイティブの観点からいくと、①は何の裏付けも持たず、相対的であり客観性を欠いているので、理由とはなっていません。②は好みの問題であるので、これも理由としては弱いものです。匂いはある人にとっては良い匂いであり、喫煙者の歯が黄ばんでいたとしても他人に害があるわけではありません。この中では③のみが科学的に証明されたことであり、他人に害を与えるのはいけないという意見も客観的な観点からのものなので、議論においては価値があります。
> これは、欧米人のように考えることへの手がかりになるでしょう。あなたが提示した理由は事実や科学によって証明されていますか？　そうでなければ、理由としては弱く、ディベートやディスカッションでは簡単に論破されることになってしまいます。もちろん人間としての意見は価値あるものですが、個々の気持ちや好き嫌いの観点でディスカッションをすべきではありません。

Lesson 2　意見や理由を説明してもらおう！

2月　英語でディスカッションしてみよう！

191

2月 英語でディスカッションしてみよう！

# 2月の

先生、これ英語で何て言うの？

track_feb_topic

## 修学旅行の英語

| | |
|---|---|
| 修学旅行 | school excursion/trip |
| 修学旅行の目的 | purpose |
| 目的地 | destination |
| 自由行動 | unorganized activity |
| 団体行動 | planned group activity |
| 就寝時間 | bedtime |
| 起床時間 | wake-up time |
| 食事時間 | meal time |
| 自由時間 | free time |
| お小遣い | allowance, pocket money |
| 観光地 | tourist/sightseeing area |
| 平和学習 | peace studies |

2月の 先生、これ英語で何て言うの？

| | |
|---|---|
| 見学地 | observation site |
| 地域調査 | region survey/investigation |
| 博覧会 | exhibition, fair |
| 部屋割り | room distribution |
| 班割り | group distribution |
| 班長 | group leader |
| 持ち物 | necessary items |
| 枕投げ | pillow fight |

2月 英語でディスカッションしてみよう！

## 2月 英語でディスカッションしてみよう！

### 修学旅行の英会話

| A | 修学旅行はどこへ行きますか？ | Where are you going for the school excursion? |

| B | 今年はシンガポールです。 | This year, the trip is to Singapore. |

| A | それで、旅行で一番よかったところはどこですか？ | So what was the best part of the trip? |

| B | 友人たちと夜更かししておしゃべりできたことです。 | Being able to stay up late talking with my friends. |

| A | 一番楽しかった場所はどこですか？ | What place did you enjoy the most? |

| B | 沖縄がとても楽しかったです。 | I really liked Okinawa. |

| A | 何か見たい博覧会はありますか？ | Are there any exhibitions you want to see? |

| B | ええ、美術館で展示を調べてみたいんですけど。 | Yes, I want to check out the exhibit at the fine arts museum. |

| A | 修学旅行の準備はできていますか？ | Are you ready for the school trip? |

| B | ええ、地域調査は終わりましたし、旅行の必需品はすべて準備ができました。 | Yes, I've finished my region investigation and prepared all the necessary items for the trip. |

# 3月 1年を英語で振り返ろう！

Looking back at the past year in English!

"Thanks for trying so hard in class."

**Lesson 1** 生徒に1年間の評価を英語で伝えよう！
**Lesson 2** 先生に対する1年間の思いを英語で言ってもらおう！
**Lesson 3** 1年間を英語で振り返ってもらおう！

# Lesson 1

🔊 track_mar_01

## 生徒に1年間の評価を英語で伝えよう！

生徒を評価するときに覚えておきたいことは、どんなに小さなことであろうと生徒の努力とその成果を見逃さないことです。このレッスンでは、生徒を評価するとともに、生徒が自分の英語力に自信が持てる様々な表現を紹介します。

### 積極的に授業に取り組んでくれてありがとう

#### Basic! 基本

[T] 授業では、頑張ってくれましたね。ありがとう。

**Thanks for trying so hard in class.**

＊シンプルで基本的な表現です。

#### Smart! スマートに

[T] あなたがいてくれて授業が楽しかったです。ありがとう。

**It was really fun having you in class. Thanks.**

＊英語圏の先生にとって、楽しい生徒とは授業に積極的に参加してくれる生徒です。

#### Close! あと一歩

[T] 授業ではムードメーカーでいてくれてありがとう。

**Thanks for being the mood-maker in class.**

＊ムードメーカーは和製英語です。正しくは the life of the party（盛り上げ役）になります。

Lesson 1　生徒に1年間の評価を英語で伝えよう！

## 1年間、頑張りましたね。お疲れ様です

### Basic! 基本

[T] 今年1年、よく頑張りました。お疲れ様。

You really worked hard this year. Good job!

＊基本的な表現です。

### Smart! スマートに

[T] 今年1年ベストを尽くしましたね。自分を褒めてあげてください。

You gave it your best this year. Give yourself a pat on the back!

＊このgive oneself a pat on the backは「自分を褒めてあげる／自分に満足する」という意味です。

### Close! あと一歩

[T] 今年1年頑張りましたね。疲れたでしょう。

You worked hard this year. You must be tired.

＊「お疲れさま」は英語で言い表すには大変むずかしいフレーズです。しかし、tiredなどを使ってしまうとネガティブなニュアンスが出てしまいますので、このような状況ではGood job!やYou did well!などがピッタリです。

3月　1年を英語で振り返ろう！

**3月** 1年を英語で振り返ろう！

## …を褒めたいと思います

### Basic! 基本

[T] 彩花、頑張ったことについてはあなたを褒めたいと思います。

Ayaka, I want to give you credit for your hard work.

＊このgive ... creditは「…を認める、…を誉め称える」という意味になります。

### Smart! スマートに

[T] あなたが頑張ったことには敬意を表します。

Ayaka, I admire you for trying so hard.

＊日本人にはなかなかなじまないかもしれませんが、人を褒めるとき、ネイティブはよくadmire（リスペクトする、敬意を表する）を使います。

### Close! あと一歩

[T] あなたの頑張りを褒めたいと思います。

I want to compliment you on your hard work.

＊「褒める」の訳語はcomplimentなのですが、この状況には合いません。誰かの努力を褒めるときにネイティブが使うのはcommendです。例えば、The city commended the firefighters for their bravery.（市は勇敢さにより消防士を褒め称えた）というように使います。

Lesson 1　生徒に1年間の評価を英語で伝えよう！

## 成績は今ひとつでしたが、努力したと思います

### Basic! 基本

[T] 成績は今ひとつでしたが、頑張りましたね。

**Your score wasn't great, but you tried hard.**

＊特に点数についての言及はありませんが、score wasn't great というひと言で、成績がそれほど良くなかったことがわかります。

### Smart! スマートに

[T] よく頑張ったのはわかっていますよ。次はもっとよくできますね。

**I know you tried hard. You'll do better next time.**

＊ここでも点数については述べていませんが、将来もっと伸びて行くという励ましがあります。

### Smarter! さらにスマートに

[T] 努力は満点でした。

**You get a 100 for effort.**

＊成績は今ひとつでも、努力の素晴らしかった生徒を励ますための定番表現です。

3月　1年を英語で振り返ろう！

## まだ伸びる可能性があります

### Basic! 基本

[T] 成績はそれほど伸びませんでしたね。それを改善するためには何ができるでしょうか？

**Your grades didn't improve that much. What can we do to fix that?**

＊直接的な基本表現です。

### Smart! スマートに

[T] 成績は少しですが、上がりましたね。もっと高くするためには何ができるでしょうか？

**Your grades went up a bit, but how can we get them even higher?**

＊例えわずかな向上であろうとも、何らかの向上や改善点があると言ってあげることで、ポジティブなニュアンスが出ます。

### Smarter! さらにスマートに

[T] 成績がまだ伸びる可能性がありますね。

**There's definitely room for improvement in your grades.**

＊芳しい成績でなくてもその点を指摘せずに、まだまだ伸びる可能があると言うことで、生徒に自信を持たせる表現です。

Lesson 1　生徒に1年間の評価を英語で伝えよう！

## これからも英語が上手になると思います

### Basic! 基本

[T] あなたが努力しているのを知っています。だから、あなたの英語はどんどん良くなっていくはずです。

I know you're trying hard, so your English is bound to get better and better.

＊この be bound to ... は「…になるはず、…する運命にある」という意味になります。

### Smart! スマートに

[T] あなたの努力は必ず報われて、英語の天才になれるはずです。

I'm sure your efforts will pay-off and you'll become an English wiz.

＊... wizは「…の天才、…のプロ」という意味になります。

### Close! あと一歩

[T] あなたのことだから、あなたの英語はもっと良くなると思います。

Knowing you, I'm sure your English will get better and better.

＊理解もできますし、正しい英語ですが、肯定的なニュアンスの文に knowing ...「…のことだから」を使うのは不自然です。

3月　1年を英語で振り返ろう！

**3月　1年を英語で振り返ろう！**

## 品詞が意識できるようになりましたね

### Basic! 基本

[T] 以前に比べてずっと品詞を意識するようになりましたね。

**I think you're more aware of the parts of speech now.**

＊この be aware of ... は「…に気が付く、…を意識する」という意味になります。

### Smart! スマートに

[T] 品詞のコツがわかり始めましたね。

**You're really starting to get the hang of the parts of speech.**

＊ get the hang of ... で、「…のこつ＜方法＞がわかる」という意味です。

### Smarter! さらにスマートに

[T] 品詞を完全に理解しましたね。

**You really have the parts of speech figured out now.**

＊ have ... figured out は「…を見通している、…を完全に理解している」という意味です。

# Lesson 2

🔊 track_mar_02

## 先生に対する1年間の思いを英語で言ってもらおう！

1年間の授業が終わったあとで、先生に対する感謝、英語に感ずる思いなどをどう表現すればいいのか、知りたいと思っている生徒はいるはずです。このレッスンではそんな感謝の気持ちや、感想を述べる表現を紹介します。

### …先生のおかげで英語が好きになりました

#### Basic! 基本

[S] 英語を学ぶことを楽しいと思わせてくれた先生には本当に感謝しています。

**I really appreciate your helping me learn to enjoy English.**

＊感謝を示す標準的な表現になります。

#### Smart! スマートに

[S] 伊藤先生のおかげで、英語が大好きになったのは間違いありません。

**Without a doubt, I learned to love English thanks to you, Mr. Ito.**

＊「おかげさまで」というニュアンスを表すための自然な表現です。

#### Close! あと一歩

[S] 伊藤先生のおかげで、英語が大好きになりました。

**I became to love English thanks to you, Mr. Ito.**

＊日本語の「なる」をそのまま訳せばbecomeになりますが、becomeが取るのはbecome a doctor、あるいはbecome famousのように名詞、形容詞です。

3月　1年を英語で振り返ろう！

## 授業の始めからノンストップでワクワクできました

### Basic! 基本

[S] 授業は最初から最後までとても楽しかったです。

The class was really fun from start to finish.

＊直訳ですが、意味は通じる基本的な表現です。

### smart! スマートに

[S] この授業はとても楽しい経験でした。田中先生ありがとうございました。

This class was really a blast. Thanks, Mr.Tanaka.

＊感想の中で、Thanks.と述べても決して言い過ぎということではありません。先生の名前をつけることでさらに先生への思いを伝えられます。

### smarter! さらにスマートに

[S] 先生は授業を楽しくするやり方をよくご存知ですね。最高です！

You really know how to make a class fun. You're the best!

＊先生への感謝を表すには最高の表現です。先生に対して話をするときに、先生のことをyouで表すことは、ごく普通であることを説明しておきましょう。

Lesson 2　先生に対する1年間の思いを英語で言ってもらおう！

## 飽きずに授業を受けられました！

### Basic! 基本

[S] 私はすぐに飽きてしまいますが、先生の授業ではそんなことはありませんでした。

**I'm the type who gets bored easily, but not in your class.**

＊文の最後が、プツンと切れて終わる印象があるかもしれませんが、英語ではこのように「対比」を使って言いたいことを際立たせるのはよくある表現法です。

### Smart! スマートに

[S] 加藤先生のおかげで、飽きてしまう時間はありませんでした。

**Thanks to you, Mr. Kato, there was no time to get bored.**

＊元の日本語からはやや遠いように思うかもしれませんが、there is no time to … は「全く…な時間はない」を表す表現としてよく使われるフレーズで、ここで言いたいことを表すにはピッタリの表現です。

### Close! あと一歩

[S] いつもすぐに飽きてしまいますが、先生の授業では全く飽きることなく授業を受けることができました。

**I usually get bored easily, but I could take your class without getting bored the whole hour.**

＊このメッセージには気持ちを伝える力がありません。直訳でシンプルな文章でなくなってしまっていることで、やや目的が見えにくくなっています。

3月　1年を英語で振り返ろう！

3月　1年を英語で振り返ろう！

## 集中できました！

### Basic! 基本

[S] 質問が多くて、退屈している暇はありませんでした。

There were a lot of questions, so no one had time to get bored.

＊シンプルでストレートに言いたいことを表しています。

### Smart! スマートに

[S] 質問が多くて、ダラダラしている暇はありませんでした。

With all the questions, there was no time to slack-off.

＊slack-offは「ダラダラする、だらける、手抜きする」という意味です。

### Smarter! さらにスマートに

[S] クラス全員が、先生の質問に対して気分的に備えていました。

You kept everyone on their toes with your questions.

＊on one's toesは「すぐに行動に移る準備をしている、警戒している」の意味になります。

Lesson 2　先生に対する1年間の思いを英語で言ってもらおう！

## アクティビティが楽しかったです！

### Basic! 基本

[S] 楽しいアクティビティすべてに感謝です。

**Thanks for all the fun activities.**

＊シンプルな短文ですが、思いやりが見えます。

### Smart! スマートに

[S] 先生のアクティビティには、何か特別なものがありました。

**Your activities really added to the class.**

＊このreally addedは「生徒に対して何か特別な物があった」という意味になります。

### Smarter! さらにスマートに

[S] いつも私たちのために楽しいアクティビティを考え出してくださってありがとうございました。

**Thanks a lot for always coming up with fun activities for us.**

＊いつも楽しいクラス環境を作ってくれた先生の努力に感謝を表す、良い表現です。

3月　1年を英語で振り返ろう！

3月　1年を英語で振り返ろう！

## 座っているだけが授業じゃないと思いました

### Basic! 基本

[S] 生徒はただ座って黙って聞いていればいいと思っていましたが、私は完全に間違っていました。

I thought the students just needed to sit and listen, but I was completely wrong.

＊直訳調の表現ですが、意味はしっかり通じます。

### smart! スマートに

[S] 生徒はただ座って聞いているだけでなく、それ以上にもっとすることがあることをわからせてくださいました。

You helped me realize that students can do more than just sit and listen.

＊先生への直接的な表現です。

### smarter! さらにスマートに

[S] ただ先生の言うことを聞いているだけでなく、生徒にはもっとするべきことがあるとわからせて下さった先生に感謝しています。

Thanks for teaching us that there's more to a student's job than just listening to the teacher.

＊thanks for ...（…のおかげで）は感謝を表すための表現ですが、forの後に来るのは「名詞」「動名詞…ing」だけであることを確認しましょう。

Lesson 2　先生に対する1年間の思いを英語で言ってもらおう！

## 苦手な英語を頑張ってみようと思えました

### Basic! 基本

[S] 英語はそれほど得意ではありませんでしたが、先生が、勉強し続けるように私にやる気を与えてくださいました。

I'm not so good at English, but you have motivated me to keep studying.

＊基本的な言い方で直訳ですが、意味は伝わります。

### Smart! スマートに

[S] 英語は得意ではありませんが、先生のおかげで、勉強し続けたいと思っています。

I'm not the best at English, but thanks to you, I want to keep trying.

＊not the best at は not good at の同意語ですが、よりポジティブなニュアンスがあります。

### Smarter! さらにスマートに

[S] 英語は得意ではないかもしれませんが、先生が私をやる気にさせてくれました。

I may not be the best at English, but you have really cranked me up!

＊crank ... up は「…にやる気を出させる」という意味になります。

3月　1年を英語で振り返ろう！

3月　1年を英語で振り返ろう！

## やれば必ず報われることがわかりました

### Basic! 基本

[S] 努力は必ず報われることがわかりました。

Now I can see that my efforts will be rewarded.

＊直訳ですが、意味はしっかり伝わる表現です。

### Smart! スマートに

[S] 努力は必ず報われることを私は知りました。

Now I know that hard-work does pay off.

＊pay offの前にdoesをつけることによってpay offがより強調されます。

### Smarter! さらにスマートに

[S] 努力をすることが大切だとわかりました。

Now I know that it's all about giving it a shot.

＊既出のbe all aboutとgive something a shotを組み合わせることで「努力をすれば必ず報われる」という気持ちを表すことができます。

## Lesson 3

🔊 track_mar_03

# 1年間を英語で振り返ってもらおう!

1年間の出来事を振り返り、良かったと思えることを生徒に話してもらいましょう。このレッスンでは過去の出来事について話をするための表現を紹介します。

### 皆でグループワークをしたのが楽しかったです

#### Basic! 基本

S 皆でグループワークをしたのが楽しかったです。

**It was fun to work with everyone in groups.**

＊基本的な表現です。ネイティブは「楽しい」と言うときは、たいていenjoyableよりもfunを使います。

#### Smart! スマートに

S グループワークを楽しみました。

**I had a blast working in groups.**

＊日本人にはあまりなじみがないかもしれませんが、have a blastは「楽しい時間を過ごす／楽しい経験をする」という意味になります。

#### Close! あと一歩

S グループワークは変でした。

**It was funny working in groups.**

＊英語ができてもfunとfunnyの区別がつかない生徒は多くいるので、その違いを教えてあげましょう。

3月 1年を英語で振り返ろう!

**3月　1年を英語で振り返ろう！**

## 球技大会で優勝できたことが嬉しかったです

### Basic! 基本

[S] 球技大会で優勝できたことが素晴らしかったです。

**It was really great to win the ball games championship.**

＊何かについて本当に嬉しい気持ちを表すときIt was really great to ...（…できて嬉しかった）は非常にシンプルで、基本的な表現です。

### Smart! スマートに

[S] 球技大会で優勝して、最高の気分でした。

**Winning the ball games championship was awesome!**

＊この状況でのawesomeは「最高の気分」という意味になります。

### Close! あと一歩

[S] 球技大会で優勝できたことがとても嬉しかったです。

**I'm so glad that we won the ball games championship.**

＊問題ない文章ですが、実は負けると思っていたのに、とんでもない奇蹟が起きて勝ってしまったというニュアンスがあります。ややネガティブなニュアンスがある表現です。

## 今年初めて英語を好きだと思えました

### Basic! 基本

[S] 今年初めて英語が好きだと思いました。

It wasn't until this year that I learned to love English.

＊「今年初めて…でした」をIt wasn't until this year that ...で表すのはとても自然です。

### Smart! スマートに

[S] 英語が大好きというわけではありませんでしたが、今年が終わって今じゃ大好きです！

I wasn't a big fan of English, but after this year, I love it!

＊元の日本語からはやや離れているように感じるかもしれませんが、この気持ちを表すのであれば、こう言うのが自然です。

### Close! あと一歩

[S] 今年初めて英語が好きになりました。

I started to like English for the first time this year.

＊「…して初めて」を英訳するときの典型的なパターンはfor the first time ...です。完全に間違いというわけではありませんが、たいてい、無理やりな文章を作っていることになります。

**3月　1年を英語で振り返ろう！**

## プレゼンターになったことは忘れられません

### Basic! 基本

[S] Show and Tellでプレゼンターになったときのことは忘れられません。

**I'll never forget when I presented for Show and Tell.**

＊基本的な表現です。日本語から訳せばwhen I was a presenterとなるところですが、英語では、名詞を使うよりも動詞で表す方がずっと自然です。そのため、when I presented forとなっています。

### Smart! スマートに

[S] Show and Tellでプレゼンをしたのは、とても楽しかったです。

**It was so much fun making a presentation for Show and Tell.**

＊「楽しんだ」と告げることで思い出深いものであることを表現しています。

### Smarter! さらにスマートに

[S] Show and Tellでプレゼンできたことが本当に嬉しかったです！

**I loved being able to make a presentation for Show and Tell!**

＊「忘れられない」、すなわち楽しかったことをポジティブに、また自然に表している表現です。

Lesson 3　1年間を英語で振り返ってもらおう！

## …がとても勉強になりました

### 基本

[S] …はとても良い学習経験となりました。　　... was a really good learning experience.

＊基本的な表現で、例えば具体的にはWriting a poem in English was a really good learning experience.（英語で詩を書くことはとても良い学習経験でした）というように使えます。

### スマートに

[S] …は私に本当に多くのことを教えてくれました。　　... really taught me a lot.

＊「経験から何かを学ぶ」と言うときの自然な表現です。例えば、Presenting for Show and Tell really taught me a lot.（Show and Tellでプレゼンしたことは私に本当に多くのことを教えてくれました。）というように使えます。

### さらにスマートに

[S] 私は…から多くのことを学びました。　　I learned a lot from ...

＊この表現と他の表現の違いは「人」が主語になっているかどうかということです。ここでは「人・私」が主語になっているので、メッセージはより自然で力強さがあります。

3月　1年を英語で振り返ろう！

## 慣れる方が大切だとわかりました

### Basic! 基本

[S] ただ暗記するのではなく、英語に慣れることが大切なのだということを学びました。

I learned that it's not just about memorizing, but rather about getting used to English.

＊既出のbe all aboutとbe just aboutは同義です。ratherは「むしろ」の意味があり、この場合は「むしろ英語に慣れることが大切なのです」という意味になります。

### Smart! スマートに

[S] ただ暗記するよりも、英語に慣れるほうが、よっぽど実用的です。

Getting used to English, rather than memorizing it makes so much more sense!

＊make senseは「道理にかなう」「論理的である」の意味がありますが、この文では「実用的である」の意味になっています。

### Smarter! さらにスマートに

[S] 大切なことは暗記ではなく、むしろ英語に慣れることだとわかりました。

I realized that the key is not memorizing, but rather getting used to English.

＊realize that ...は多くのネイティブがよく使うフレーズで「…ということがわかった」という意味になります。

Lesson 3　1年間を英語で振り返ってもらおう！

## だんだんリラックスできるようになりました

### Basic! 基本

[S] 最初は頑張っていたのですが、今ではあまり考えすぎないようになりました。

I worked hard at it in the beginning, but now I don't worry so much.

＊基本的な表現です。

### Smart! スマートに

[S] 最初は一生懸命頑張りましたが、だんだん気楽に構えるようになってきました。

I tried hard at first, but then I gradually started to take it easy.

＊take it easy（気楽に構える）はネイティブがよく使う表現なので、生徒にもぜひ覚えてもらいたいフレーズです。

### Smarter! さらにスマートに

[S] 以前は気分的に追われていたのですが、今では楽しい時間を過ごそうとしています。

I used to stress out about studying, but now I just try to have a good time.

＊stress out aboutは「…してストレスが溜まる」という意味ですが、この文では「…を頑張りすぎる」という意味になっています。これもネイティブがよく使うフレーズです。

**3月** 1年を英語で振り返ろう！

## 3月の

先生、これ英語で何て言うの？

🔊 track_mar_topic

## 卒業式の英語

| | |
|---|---|
| 卒業 | **Graduation** |
| 卒業する | **graduate** |
| 卒業式 | **Graduation Ceremony** |
| 卒業証書 | **diploma** |
| 卒業生入場 | **Graduating Students Entrance Procession** |
| 卒業書授与 | **Presentation of Diplomas** |
| …祝辞 | **Celebratory Remarks on behalf of …** |
| 在校生代表 | **Student Body Representative** |
| 在校生送辞 | **Student Body Farewell Remarks to the Graduating Class** |
| 卒業生代表 | **Valedictorian** |
| 卒業生答辞 | **Valedictory Speech** |
| 卒業記念品 | **Gift from the Graduating Class** |

**3月**の 先生、これ英語で何て言うの？

| | |
|---|---|
| 卒業記念品授与 | Presentation of the Gift from the Graduating Class |
| 卒業生退場 | Graduates Exit Procession |
| 卒業の歌 | Graduation Song |
| 蛍の光斉唱 | Auld Lang Syne |
| 母校／出身校 | Alma mater |
| 卒業アルバム | (Senior) Yearbook |

**3月** 1年を英語で振り返ろう！

### そうだったんだ！ 欧米では卒業式にワクワクする！

日本では高校の卒業式は重要なものと位置づけられ、式に伴う情緒を大切にしているからか、多くの生徒が涙を見せます。しかし、欧米の卒業式は「とうとう学校が終わった！」というワクワク感に溢れたもので、生徒が涙を見せるというのはあまり見られない光景です。

## 卒業式の英会話

| A | 卒業生にお別れする心の準備はできましたか？ | Are you ready to say goodbye to the seniors? |
| A | いいえ、お別れするのがつらくなります。 | Not really, I'm going to miss them. |

| A | 2014年度生は学校に何をくれると思いますか？ | What do you think the class of 2014 is going to give the school? |
| B | 新しい冷水器をくれるといいなと思います。 | I hope they give us a new water fountain. |

| A | 卒業時、卒業生総代になりたいと思います。 | I hope to become valedictorian when I graduate. |
| B | それなら、すぐに生徒会に入った方がいいわ！ | Well, you'd better join the student council soon! |

| A | 卒業アルバムはもうできましたか？ | Are the new yearbooks out? |
| B | いいえ、まだです。卒業生に向けたメッセージを書いてくれるように先生に頼んでいます。 | Not yet, I've been asking teachers to write messages for the graduates. |

| A | 生徒は卒業式で、実際に卒業証書をもらうのですか？ | Do students get their real diplomas at the ceremony? |
| B | いいえ、証書のケースをもらうだけで、証書自体は後でもらいます。 | No, they just get the diploma case. They get the certificate itself afterwards. |

# ALT

## ALTと二人三脚になろう！

Really partnering-up with your ALT!

**Lesson 1** 授業前にALTとしっかり計画を立てよう！
**Lesson 2** 授業中にALTと協力しよう！
**Lesson 3** 授業後にALTにフィードバックをしよう！
**Lesson 4** 授業外にALTと話そう！

## Lesson 1

🔊 track_alt_01

# 授業前にALTと
# しっかり計画を立てよう！

日本人の先生にとってALT（外国語指導助手）は授業の大きな助けになります。このレッスンでは授業前にALTと時間を無駄にせず、効率的に話し合うための表現を紹介します。

## …なら時間がとれます

### Basic! 基本

[T] 今はちょっと忙しいけれど、金曜日2時30分以降なら時間があります。

I'm kind of busy now, but I have time on Friday after 2:30.

＊基本的な表現です。

### Smart! スマートに

[T] 今時間に追われているので、金曜日2時30分以降でどうでしょうか？

I'm in a time crunch now, but how about on Friday after 2:30?

＊be in a time crunchは「時間に追われている」という意味になります。

### Smarter! さらにスマートに

[T] 今ちょっと身動きできません。金曜日2時30分以降に話せますか？

I'm a little tied up right now. Could we talk on Friday after 2:30?

＊be tied upは「身動きできない」「手が離せない」の意味です。日常会話のみならず、ビジネス場面でもよく使われるtied up。busyに比べて忙しさの度合いをより明確に表現できます。

Lesson 1　授業前に ALT としっかり計画を立てよう！

## 来週の授業の打ち合わせをしましょうか？

### Basic! 基本

[T] 来週の授業の話をしましょうか？　　Shall we talk about next week's class(es)?

* 基本的な表現です。

### Smart! スマートに

[T] 来週の授業について意見を出し合えますか。　　I was wondering if we could brainstorm about next week's class(es).

* 様々な状況、特に職場で、何かをしようと誘うときのネイティブらしいアプローチの仕方です。例えば、I was wondering if we could talk about tomorrow's presentation.（明日のプレゼンについて話をできますか？）というようにも使えます。

### Close! あと一歩

[T] 来週の授業について話をしましょう。　　Let's talk about next week's class(es).

* Let's ...は友人に「どこかへ行こうよ」と誘うときなどにピッタリなフレーズです。しかし、同僚（ALTは同僚です）に話を持ちかける場合にはやや性急に聞こえ、依頼というよりも、むしろ命令のニュアンスがあります。

ALT　ALTと二人三脚になろう！

## ALT　ALTと二人三脚になろう！

### …に基づいた活動がありますか？

#### Basic! 基本

[T] このトピック／文法の項目に基づいたアクティビティを何か思いつきますか？

**Can you think of any activities based on this topic/grammar point?**

＊基本的な表現です。

#### Smart! スマートに

[T] このトピック／文法の項目に基づいたアクティビティを探しましょうか。

**Maybe we can find activities based on this topic/grammar point.**

＊相手に任せるのではなく、先生自身も考えていることを示唆する表現です。

#### Smarter! さらにスマートに

[T] このトピック／文法の項目に基づいて私たちができることを考えているところです。

**I'm trying to think of something we can do based on this topic/grammar point.**

＊押しつけがましくなくALTにアイデアを出してもらうには良いアプローチです。

Lesson 1　授業前にALTとしっかり計画を立てよう！

## 次の授業の目標は…を教えることです

### Basic! 基本

**T** 次の課の目標は関係代名詞を教えることです。

Our goal for the next lesson is to teach relative pronouns.

＊基本的な表現です。

### Smart! スマートに

**T** 次の課が終わるまでに生徒たちが関係代名詞を理解できるはずでしょう。

By the end of the next lesson, students should be able to understand relative pronouns.

＊英語の学習プランと目標を示す表現です。

### Smarter! さらにスマートに

**T** 関係代名詞を教えるためのアイデアを出さなければなりませんね。

We have to develop some good ideas for teaching relative pronouns.

＊計画作成には先生もALTも共に作業することを示唆した会話的な表現が自然です。

ALT　ALTと二人三脚になろう！

ALT　ALTと二人三脚になろう！

## 私が…して、あなたが…してはどうです？

### Basic! 基本

T　次の授業では、あなたが物語を読んで、私が何か質問をしましょう。

In our next class, why don't you read the story and I'll ask some questions.

＊提案したり依頼したりするための基本的な表現です。

### Smart! スマートに

T　次の授業に考えがあります。あなたが物語を読んで、私が何か質問をします。

I have an idea for our next class. You can read the story and I'll ask some questions?

＊フレンドリーなアプローチでポジティブな雰囲気を維持できます。

### Smarter! さらにスマートに

T　このアイデアはどうでしょう？　次の授業では、あなたが物語を読んで、私が何か質問をします。

How's this for an idea? For our next class, you read the story and I'll ask some questions.

＊先生がALTの意見を大切にしていることを示唆する、自然でスマートな表現です。

Lesson 1　授業前にALTとしっかり計画を立てよう！

## 授業準備の分担をしましょう

### Basic! 基本

T　誰が、何を準備するか決めましょう。　　Let's decide who'll prepare what.

＊仕事の分担や責任を分けるためによく使われる表現です。

### Smart! スマートに

T　準備作業を分けましょう。　　Let's divvy up the preparation work.

＊divvy upはdividendの短縮形です。

### Smarter! さらにスマートに

T　準備作業をどう分担すれば良いと思いますか？　　How do you think we should divvy up the preparation work?

＊このようにALTの提案を求めることで、先生の負荷を少し減らすことができます。

ALT　ALTと二人三脚になろう！

ALT　ALTと二人三脚になろう！

## 打ち合わせの内容を聞いてどう思いますか？

### Basic! 基本

[T] 打ち合わせの内容についてはどう思いますか？

What do you think about what we discussed?

＊基本的な表現です。

### Smart! スマートに

[T] 打ち合わせの内容について何か意見はありますか？

Any thoughts on what we just talked about?

＊ある事柄について相手の考えや意見を尋ねる自然な表現です。

### Close! あと一歩

[T] 打ち合わせの内容をどう思いますか？

What do you think of the contents of the meeting?

＊「内容」と言うとcontentsと考えがちですが、これは文自体を曖昧にします。どの英単語を選ぶか決定する前に、実際に「内容」という言葉が、何について言っているのかを具体的に考えてみましょう。

## Lesson 2

🔊 track_alt_02

# 授業中にALTと協力しよう！

ALTとのチーム・ティーチングで最も大切なことは「チーム」として教えることです。このレッスンではALTと協力して授業を進めるための表現を紹介します。

## 皆さん、今日は…をします。

### Basic! 基本

[T] はい、皆さん、今日は復習ゲームをしましょう。

All right class, today we will play a review game.

＊基本的な表現です。

### Smart! スマートに

[T] さあ、皆さん、今日は復習ゲームをしましょう。

Okay everyone, today we're playing a review game.

＊be動詞＋…ingは現在進行形だけでなく、近い将来を表します。その使い方を生徒に覚えてもらいましょう。

### Smarter! さらにスマートに

[T] 皆さん、復習ゲームをする準備はできていますか？

Is everyone ready to play a review game?

＊このような疑問文での問いかけは生徒の注意を引き、楽しい雰囲気を作るには良い表現です。

ALTと二人三脚になろう！

ALT　ALTと二人三脚になろう！

## この場面を私たちが一緒にやってみせますね

### Basic! 基本

[T] 私たちがやってみますね。

**We're going to do a demonstration.**

＊基本的な表現です。

### Smart! スマートに

[T] どうやってプレイするか私たちが見せますから注目してください。

**Pay attention while we demonstrate how to do it.**

＊pay attentionで始めることで生徒の注意をグッと掴むことができます。Please focus on us.でも同じ意味になります。

### Close! あと一歩

[T] 私たちがこの状況をやってみせますね。

**We're going to demonstrate this situation.**

＊situationは英語では非常に限定された使い方をされる言葉です。十分な内容がない場合にはときとして曖昧な印象を与えてしまいます。

Lesson 2　授業中にALTと協力しよう！

## もう一回説明を聞きたい人は（いますか）？

### Basic! 基本

[T] 説明を繰り返す必要がありますか？　　Do you need us to repeat the instructions?

＊ネイティブにとっての「説明」はほとんどの場合、instructions です。

### Smart! スマートに

[T] もう一度説明してほしい人は誰かいますか？　　Who needs us to go over the instructions again?

＊go over the instructions は「説明を繰り返す」という意味です。

### Close! あと一歩

[T] もう一度説明を聞きたい人はいますか？　　Is there anyone who wants to hear the explanation one more time?

＊不自然な直訳英語です。またやや硬く長い印象があります。

---

#### そうだったんだ！　TTは50-50が理想的

日本人先生とALTの理想的な役割担当は50-50（フィフティー・フィフティー）でしょう。しかし、授業の内容や目的にもよりますが、ときには日本人の先生が30パーセントから40パーセントを担当し、ALTが60パーセントから70パーセントを担当することもありますし、またその逆もあります。くれぐれも役割が0対100になるようなことは避けるようにしましょう。二人が教室にいる場合は二人はチームなのです。共に教えることを恐れないでください。

ALT　ALTと二人三脚になろう！

## もう一度説明しましょうか

### Basic! 基本

[T] もう一度説明しようと思いますが、どうですか？／もう一度説明するのはどうでしょうか？

How about we repeat the instructions?

＊ALTに指示する基本的で直接的な表現です。

### smart! スマートに

[T] もう一度説明した方がいいでしょう。

We should repeat the instructions.

＊ネイティブがよく使う自然な表現です。

### smarter! さらにスマートに

[T] もう一度説明しましょうか？

Shall we repeat the instructions?

＊フレンドリーでソフトな表現です。英語圏のペアのクラス担当教諭がこのような場面でよく使います。

Lesson 2　授業中にALTと協力しよう！

## ブラウン先生のあとについて言いましょう

### Basic! 基本

[T] ブラウン先生の言葉を繰り返してください。　　Repeat after Mr. Brown.

＊ALTを呼ぶ場合には苗字で呼ぶのかそれとも名前で呼ぶのかは迷うところです。どちらを好むのか聞いておきましょう。

### smart! スマートに

[T] ブラウン先生の言葉をよく聞いて真似しましょう。　　Listen and copy Mr. Brown.

＊生徒にとってはおそらく初めての表現ですが、とても自然な表現なので、授業中に使うことで生徒に慣れてもらいましょう。

### smarter! さらにスマートに

[T] ブラウン先生の言うことをよく聞いて言ってみましょう。　　Listen and say what Mr. Brown says.

＊英語圏の先生がよく使う直接的な表現です。

ALT　ALTと二人三脚になろう！

ALT　ALTと二人三脚になろう！

## 私かスミス先生に聞いてください

### Basic! 基本

[T] もし、理解できないことがあったら、私かスミス先生に知らせてください。

If there's something you don't understand, let me or Mr. Smith know.

＊基本的な表現です。

### smart! スマートに

[T] わからなくなってしまった場合、私かスミス先生に尋ねてください。

If you get confused, ask me or Mr. Smith for help.

＊戸惑っている生徒に焦点をあてた、短くてわかりやすい言い方です。

### close! あと一歩

[T] もし何かわからないことがあったら、私かスミス先生に聞いてください。

If there's something you don't understand, ask me or Mr. Smith.

＊特に悪くはありませんが、少々曖昧です。先生に何を尋ねるのか、明確に示してあげることが大切です。

Lesson 2　授業中にALTと協力しよう!

## ジョーンズ先生にチェックしてもらいなさい

### Basic! 基本

[T] 書き終えたら、ジョーンズ先生にチェックしてもらいなさい。

Have Mr. Jones check it when you're finished.

＊基本的な表現です。

### Smart! スマートに

[T] 書き終えたら、ジョーンズ先生に目を通してもらいなさい。

Have Mr. Jones look over it when you're done.

＊より自然な表現です。look overは「目を通す」ことを意味します。ALTに対して敬意を払っていることがわかります。

### Close! あと一歩

[T] 終わったら、ジョーンズ先生に見てもらいなさい。

When you finish, get Mr. Jones to check it.

＊get someone to do something と have someone do something には違いがあることを生徒に説明しましょう。get someone to do something を使うと嫌がる相手に無理にやらせるというニュアンスが出てしまいます。

ALT　ALTと二人三脚になろう!

# Lesson 3

## 授業後にALTにフィードバックをしよう！

🔊 track_alt_03

授業後にALTと話し合いの機会を持つことはとても大切です。もしALTとの授業がうまくいっていないにもかかわらず、それをALTに伝えなければ、ALTはすべてが順調に運んでいると思ってしまいます。ALTに対してフィードバックする場合は、できる限り明確に、詳細まで伝えるようにしましょう。このレッスンでは適切なフィードバックをするための表現を紹介します。

### 今日の授業は楽しかったですね

#### Basic! 基本

[T] 今日の授業はとても楽しかったですね。　　**Today's class was a lot of fun.**

＊基本的な表現です。

#### Smart! スマートに

[T] 今日は皆とても楽しんだと思います。　　**I think we all had a great time today.**

＊ALTと自分を含んでいるわかりやすい表現です。

#### Smarter! さらにスマートに

[T] あなたと一緒に授業ができて、とても楽しいです。　　**I really enjoy teaching with you.**

＊特に今日の授業に言及はしていませんが、ALTが良い働きをして先生がそれを認めていることを示してます。

Lesson 3　授業後にALTにフィードバックをしよう！

## 今日も頑張っていただき、ありがとうございます

### Basic! 基本

[T] 今日も一生懸命やってもらってありがとうございました。

Thanks for giving it your all today.

＊give it one's allは「一生懸命…する」という意味です。

### Smart! スマートに

[T] 今日のすべてにありがとう。

Thanks for everything today.

＊たとえ言葉にしていなくても、ALTが頑張ったことがしっかりと伝わる表現です。

### Smarter! さらにスマートに

[T] あなたのような人と仕事ができて、とても嬉しいです。

I'm so glad to work with someone like you.

＊話し手がALTの仕事にとても助けられていると思っていることが伝わります。

ALT　ALTと二人三脚になろう！

ALT　ALTと二人三脚になろう！

## …がとてもいいアクティビティでした

### Basic! 基本

[T] 記者と秘書のアクティビティが特によかったですね。

The reporter and secretary activity was especially good.

＊基本的な表現です。

### Smart! スマートに

[T] 皆、記者と秘書のアクティビティを気に入っていましたね。

Everyone really liked the reporter and secretary activity.

＊何かを really like と言う場合は、それが楽しかったということになります

### Smarter! さらにスマートに

[T] 記者と秘書のアクティビティは最高に楽しかったですね。

The reporter and secretary activity was a blast!

＊be a blast は「とても楽しい」の意味で、ネイティブがよく使う表現です。

Lesson 3　授業後にALTにフィードバックをしよう！

## 何か問題点を感じましたか？

### Basic! 基本

T 私たちが協力できる分野は何かありますか？

**Are there any areas we can work on?**

＊主語をyouにするのとweにするのとでは、大きな差があることを覚えておいてください。もし授業がうまくいかなかったと言いにくい場合は、主語をweにすることで、ALTへの批判を和らげることができます。

### Smart! スマートに

T もっとうまくやれたことはあったかしら？

**Is there anything we could have done better?**

＊この表現も直接的ではありません。しかし、改善する必要のある問題があったことを指摘する表現になっています。

### Close! あと一歩

T 何か問題があると感じますか？

**Did you feel there were any problems?**

＊文章自体に問題はありませんが、物事をどう改善させるかの方法を尋ねることにこだわっているので、やや攻撃的なイメージがあります。

ALT　ALTと二人三脚になろう！

ALT　ALTと二人三脚になろう！

## …がよくなかったので、改善点を考えましょう

### Basic! 基本

[T] 文法ゲームは思ったよりうまくいきませんでしたが、どうすればもっと効果的にすることができるでしょうか？

The grammar game didn't go quite as expected. How can we make it more effective?

＊基本的な表現です。

### Smart! スマートに

[T] 文法ゲームはもっとうまくできたはずですね。次回もやってみましょう。

The grammar game could have been better. Let's work on that next time.

＊could have been better（もっといいものになったはずだ）はよくなかったということを意味しています。could have been betterには、ネガティブではなく「もっとよいものになるはずだ」という前向きなニュアンスがあります。

### Close! あと一歩

[T] 文法ゲームはダメでした。どうしたら改善できますか？

The grammar game was bad, how can we fix it?

＊やや明け透けな言い方です。もう少し相手に配慮した表現が必要です。

Lesson 3　授業後にALTにフィードバックをしよう！

## …を少し変更しましょうか？

### Basic! 基本

[T] 順番を少し変更した方がいいですか？

Should we change the order just a little?

＊基本的な表現です。

### Smart! スマートに

[T] 順番を少し変えることについてはどう思いますか？

What do you think about making a small change to the order?

＊ネイティブが相手の意見を求めるときによく使う表現です。

### Smarter! さらにスマートに

[T] 順番の変更は効果があると思いますか？

Do you think changing the order would help?

＊このhelpは「促す、促進する」という意味です。すなわち、「より効果的にする」という意味になります。

ALTと二人三脚になろう！

ALT　ALTと二人三脚になろう！

## ちょっと難しかったのかもしれませんね

### Basic! 基本

T　もしかしたら、生徒には少し難しかったのかもしれませんね。

Maybe that was a bit difficult for the students.

＊直訳ですが意味は通じます。

### Smart! スマートに

T　全員が理解したとは思いません。

I don't think everyone got it.

＊何かの理解について語るときの表現です。

### Smarter! さらにスマートに

T　生徒には難しかったと思います。

I think we went over their heads.

＊go over one's head（頭の上を越える）、すなわち「（難しくて）理解できない」ということを意味します。ネイティブがよく使う慣用表現です。

Lesson 3　授業後にALTにフィードバックをしよう！

## 生徒たちが楽しめたようですね

### Basic! 基本

[T] 生徒たちは本当に楽しんだようですね。

It looked like they really enjoyed it.

＊基本的な表現です。reallyを加えることで信憑性が増します。

### Smart! スマートに

[T] 皆が楽しんだと思います。

I think everyone had a good time.

＊have a good timeでhave funと同じ意味になります。

### Close! あと一歩

[T] 彼らは楽しんだようです。

It seems like they enjoyed it.

＊seemには疑いのニュアンスがあります。この文であれば「多分楽しんだでしょうね、よくはわからないけど」というイメージが出てしまいます。

ALT　ALTと二人三脚になろう！

**ALT** ALTと二人三脚になろう！

## 次回はもう少しやさしい英語で話してください

### Basic! 基本

[T] もっと簡単な英語を使う方がいいですね。

We should try to use easier English.

＊主語がweであることに注目しましょう。話し手の懸念がきちんと表れた文です。

### Smart! スマートに

[T] 彼らに難し過ぎないようにしましょう。

Let's try not to go over their heads.

＊go over one's head（（難しくて）理解できない）を使った別の表現です。

### Close! あと一歩

[T] 次はもっとやさしい英語を使ってください。

Please use easier English next time.

＊少々明け透けで、必死な感じがしてしまいます。改善してほしい点の指摘に関してはあまり直接的でない方が良いでしょう。

Lesson 3　授業後にALTにフィードバックをしよう！

## 私にやってほしいことが何かありますか？

### Basic! 基本

[T] 私がもっと上手にできることが何かあると思いますか？

Is there anything you think I could do better?

＊率直な尋ね方です。

### Smart! スマートに

[T] 私たちのチーム・ティーチングをもっとよくするために私にできることが何かありますか？

Is there anything I can do to make our team-teaching even better?

＊betterにevenをつけることで、先生がALTと共に働くことを楽しんでいると伝えることができます。

### Smarter! さらにスマートに

[T] もし、これからの授業で手助けできることがあれば、言ってくださいね。

If there's any way I can be of help in future lessons, let me know.

＊この表現で、先生がALTの提案や意見交換を受け入れるつもりであることを示しています。

ALT　ALTと二人三脚になろう！

## Lesson 4

🔊 track_alt_04

# 授業外にALTと話そう!

このレッスンでは、授業以外の場面でALTに対して使える表現を紹介します。ALTの状況は、学校や地域によって様々ですが、一般的で使い勝手の良い表現を集めました。

## 一緒に働けて楽しいです

### Basic! 基本

[T] 一緒に働いてとても楽しいです。　**I really enjoy working with you.**

＊シンプルで率直な表現です。

### Smart! スマートに

[T] あなたは本当に素敵な同僚です。　**You're a really great colleague.**

＊ALTを同僚と言っているのは、先生がALTをペアの教師と認め、ALTの働きに感謝していることを表しています。

### Close! あと一歩

[T] あなたと一緒に働けて嬉しいです。　**I'm glad I could work with you.**

＊時制が過去形になっているので、このALTとはもう二度と一緒に働かないというニュアンスが出てしまいます。現在のことを言いたいのであれば、Working with you is really great.のように言えば良いでしょう。

Lesson 4　授業外にALTと話そう！

## 朝会の内容を説明してあげましょうか

### Basic! 基本

[T] 今日の朝会の詳細を話した方がいいですか？

**Should I give you the details of today's morning meeting?**

＊シンプルで基本的な表現です。

### Smart! スマートに

[T] 朝会の内容はわかりましたか？

**Did you catch what was discussed at the morning meeting?**

＊catchは「…を把握する」、すなわち「…を理解する」の意味になります。

### Close! あと一歩

[T] 朝会の内容を説明した方がいいですか？

**Should I explain the contents of the morning meeting?**

＊contentsはここでも不自然で、曖昧な言葉に聞こえます。この文脈で内容のことを言うのであればdetails of …あるいはwhat was said at …を使えば良いでしょう。

ALT　ALTと二人三脚になろう！

ALT　ALTと二人三脚になろう！

## 今日の給食はイカですが、イカは食べられますか？

### Basic! 基本

[T] イカは好きですか？ 今日の給食にイカが出ますよ。

Do you like squid? We're having squid for lunch today.

＊その食べ物が苦手かどうか尋ねる、簡単でシンプルな表現です。

### Smart! スマートに

[T] イカがあなたの好みなら、ついていますね。イカが今日の給食ですから。

If squid's your thing, then you're in luck because that's our lunch today.

＊one's thingは「…の好み」の意味です。be in luckは「ついている」の口語表現になります。

### Close! あと一歩

[T] 今日の給食はイカですよ。食べられますか？

Our lunch for today is squid. Can you eat squid?

＊canは実は少々取扱いに気をつけなければならない単語です。Can you eat ...?は「食べる能力がありますか？／食べる身体的能力がありますか？」と言う意味になります。ここはDo you like ...?で尋ねる方が無難です。

Lesson 4　授業外にALTと話そう！

## 明日はスーツ姿で来てください

### Basic! 基本

[T] 明日はスーツを着てください。　　Wear a suit tomorrow.

＊基本的な表現です。

### Smart! スマートに

[T] 明日はスーツを着てくる必要があります。　　We need to wear suits tomorrow.

＊ALT個人ではなく明日は全員がスーツを着てくるという意味の自然な表現です。

### Smarter! さらにスマートに

[T] 明日は集会がありますので、スーツを着なければなりません。　　We're having an assembly tomorrow so we have to wear suits.

＊スーツを着てくる理由を語ることで、曖昧な伝え方を避け、より明確で理解しやすい表現になっています。

ALT　ALTと二人三脚になろう！

ALT　ALTと二人三脚になろう！

## 日本語が上手ですね

### Basic! 基本

[T] あなたの日本語は進歩していますね。　　**Your Japanese is really coming along.**

＊うまく会話ができない人で、話そうと努力している人に対する表現です。

### Smart! スマートに

[T] あなたの日本語には感心します。　　**I'm impressed by your Japanese.**

＊会話上手な人、あるいは日本語の理解が素晴らしい人に対する表現です。

### Close! あと一歩

[T] 日本語が上手ですね。　　**You're really good at Japanese.**

＊多くの日本人が使う表現です。善意から出た表現であることはわかりますが、日本人以外の人にはお世辞に聞こえます。避けた方が無難な表現です。

# ACT 授業のお助け！アクティビティ集

Activities for mixing things up in the classroom!

**Activity 1** 単語力が劇的に上がる「ピックトリ」
**Activity 2** 品詞が見分けられるようになる「マドリブ」
**Activity 3** 時間を忘れる「英語なぞなぞ集」
**Activity 4** 自分の名前でできる英作文
　　　　　　「アクロスティック・ポエム」
**Activity 5** 教科書の内容が身につく「記者と秘書ゲーム」
**Activity 6** ネイティブが5歳のときに学校で行うプレゼン
　　　　　　「Show and Tell」
**Activity 7** 意見がどんどん出る「ディスカッション」

## Activity 1
## 単語力が劇的に上がる「ピックトリ」

ここでは誰でも気軽にできて、単語力が身につくゲームを紹介します。ピックトリは絵でしりとりをしていくゲームです。ただし、使う言葉は英語です。人数はしりとりと同様、何人いてもできます。

### ピックトリのステップ

**ステップ1 ペンと紙を用意する**

ペンと紙を用意しましょう(黒板を使っても良いでしょう)。

**ステップ2 はじめの人が絵を描く**

はじめの人が絵を描きます。はじめの人はなるべく英語名が簡単な絵を描くようにしましょう。

**ステップ3 次の人が英語名を答え、絵を描く**

次の人ははじめの人が描いた絵を見て、その英語名を答えます。それから次の人が絵を描いていきます。これを繰り返していきます。このとき、文字を書いてはいけません。簡単ですぐにできますし、単語を思い浮かべるときにイメージで捉える習慣ができるので、英語力アップにつながるアクティビティです。

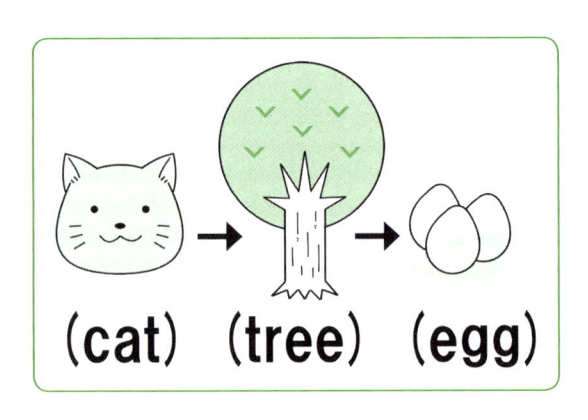

(cat) → (tree) → (egg)

## Activity 2
# 品詞が見分けられるようになる「マドリブ」

ここでは生徒と楽しみながら、品詞の知識を確かめられる面白いゲームを紹介します。これはマドリブと呼ばれる穴埋めゲームで、欧米ではパーティーや暇つぶし、また授業などを楽しむための言葉遊びとして行われます。

## マドリブのステップ

### ステップ1 先生が空欄を入れるための文章を選ぶ

まず、先生が空欄を入れるための文章を選びます。これは教科書からでも、小説からでも、生徒にわかりやすい内容のものを選びましょう。

### ステップ2 先生が空欄を作る

そして先生は形容詞にあたる部分や、名詞、また身体の部位にあたる部分など、該当する単語を空欄にし、各空欄の横に「形容詞」「名詞」を英語で、(adjective)(noun)というように書いていきます。

例えば、以下のようなものを作ります。

Make sure your lunch _____ (container) is filled with yummy _____ (adjective) food. Do not go to the shop across the street. The burgers they sell there are fried in _____ (noun) and are made of _____ (animal) meat.

あなたの昼食の_____(入れ物)をおいしい_____(形容詞)食べ物でいっぱいにしてください。学校の向かいのお店に行ってはいけません。そこで売っているバーガーは_____(名詞)で炒められ、_____(動物)の肉で作られています。

Activity　授業のお助け！　アクティビティ集

## ステップ3　生徒に英文を埋めてもらう

　生徒は個人でも、グループでも良いので（グループであれば、グループメンバーで順番に）その空欄を埋めます。

　主に以下のような会話をしながら、空欄を埋めていきます。

| A | 形容詞を言ってください。 | **Can you give me an adjective?** |
| B | キラキラした | **sparkly** |

| A | 入れ物の種類を言ってください。 | **Can you give me a type of container?** |
| B | タッパー | **Tupperware** |

| A | 名詞を言ってください。 | **Can you give me a noun?** |
| B | 音楽 | **music** |

| A | 動物の名前を言ってください。 | **Can you give me the name of an animal?** |
| B | オオカミ | **wolf** |

　最後に完成した文が大きな声で読み上げられます。結果、コミカルで、奇妙で何ともナンセンスなストーリーができあがります。

　例えば、今回の例だと次のような物語になります。

## Activity 2　品詞が見分けられるようになる「マドリブ」

> Make sure your lunch (Tupperware) is filled with yummy (sparkly) food. Do not go to the shop across the street. The burgers they sell there are fried in (music) and are made of (wolf) meat.

あなたの昼食の（タッパー）をおいしい（キラキラした）食べ物でいっぱいにしてください。学校の向かいのお店に行ってはいけません。そこで売っているバーガーは（音楽の中）で炒められ、（オオカミ）の肉で作られています。

　簡単な例ですが、ちょっとナンセンスで楽しい物語になっています。どのような文章を空欄に使うかはほぼ無限です。たとえ内容がバカバカしくても、ナンセンスであってもかまいませんが、物語は、文法的に正しくなければなりません。

## Activity 3

## 時間を忘れる「英語なぞなぞ集」

このレッスンでは英語のなぞなぞを紹介します。テスト後にやってみると格好の息抜きになりますよ。

### 英単語やアルファベットに関するなぞなぞ

**Q** アルファベットの中で、一番水の多いものは何？
**A** C

**Q** Which letter of the alphabet has the most water?
**A** The C

解説　Cの発音はseaと同じ。sea/oceanには水があります。

**Q** Eがそんなに大切なのは何故？
**A** everything（すべてのもの）の始まりだから。

**Q** Why is the letter "E" so important?
**A** Because it is the beginning of everything.

解説　everythingはeで始まり、すべてのことを意味するからです。

**Q** 二字を加えると前よりも短くなる単語って何？
**A** short

**Q** What word becomes shorter when you add two letters to it?
**A** short

解説　長さは短くなりませんが、erを加えれば、単語はshorterになります。

Activity 3　時間を忘れる「英語なぞなぞ集」

**Q** rがfriendship（友情）に絶対必要なのは何故？
**A** rがなければ、friend（友人）はfiend（敵）になってしまうから。

**Q** Why is the letter "r" absolutely necessary in a friendship?
**A** Without it, a friend will become a fiend.

解説　friendからrを取り除くと、fiendになる。fiendとはenemy（敵）を表す言葉だから。

**Q** 牛（cow）とno cowはどちらが多く足を持っている？
**A** No cow。牛の足は4本ですが、5本足の牛はいません。

**Q** What has more legs a cow or no cow?
**A** No cow. A cow has 4 legs but no cow has 5 legs.

解説　これは語呂合わせです。「5本足の牛はいない」ということ。no cowで言葉遊びをしています。

## 古くからあるなぞなぞ

**Q** それは朝には4本足で歩き、昼には2本足で歩き、夕方には3本足で歩きます。
**A** 人間です。

**Q** It walks on four legs in the morning, two legs at noon and three legs in the evening.
**A** A man

解説　人間は赤ちゃんのときは這い這いし、大きくなると自分の足で歩き、年をとると杖をつきます。

**Activity**　授業のお助け！　アクティビティ集

**Q** 首があって頭のない物は何？
**A** ビンです。

**Q** What has a neck but no head?
**A** **A bottle.**

解説　ビンの細くなった部分はneckと呼ばれています。

**Q** 私の名前を呼んでください。すると、音が出て、私は消えます。さて私は誰？
**A** silence「沈黙」です。

**Q** Say my name and I disappear. What am I?
**A** **Silence**

解説　私（沈黙）の名前を呼ぶと、その声で沈黙が破られるという意味です。

**Q** 乾くほど濡れる物は何？
**A** タオルです。

**Q** What gets wetter as it dries?
**A** **A towel**

解説　何かを乾かすためにタオルを使えば、タオル自身が濡れます。

## 長いなぞなぞ

**Q** 角に二人
部屋には一人、
家には0人、
でもシェルターには一人。
さて、私は誰でしょう？
**A** rです。

Activity 3　時間を忘れる「英語なぞなぞ集」

**Q** Two in a corner,
One in a room,
0 in a house,
but one in a shelter.
What am I?

**A** The letter "r"

解説　各単語にあるrの数です。

**Q** 私はいつもお腹が空いています。
いつも食べ物を与えられていなければなりません。
私に触れた指はすぐに赤くなります。

**A** 火です。

**Q** I am always hungry,
I must always be fed,
The finger I touch,
Will soon turn red

**A** Fire

解説　火を燃やし続けるためには、常に燃料(食べ物)を与えなければいけません。その中に指を入れれば、火傷してすぐに赤くなります。

**Q** そこにあっても、見えません。
捕まえられますが、持っていることはできません。
喉はありませんが、耳には聞こえます。

**A** 風です。

**Q** All about, but cannot be seen,
Can be captured, cannot be held,
No throat, but can be heard.

**A** The wind

解説　風はどこにでもありますが、形はありません、喉はないのに音が出ます。

## Activity 4
# 自分の名前でできる英作文「アクロスティック・ポエム」

ここで紹介するアクロスティック・ポエムは各行の始めをテーマとなる言葉の1文字にし、文章を書くゲームです。詩に出てくるすべての行は、テーマとなる言葉と何らかの関連があったり、その言葉を描写している必要があります。

## アクロスティック・ポエムのステップ

**ステップ1** 短いトピックワードを選ぶ

トピックとなる言葉を選びます。これは最初のうちは文字数が少ない単語で誰もがイメージを持ちやすいものや、人の名前にするのが良いでしょう。ここでは、sun(太陽)をキーワードとして選びます。

**ステップ2** ブレインストーミングを行う

生徒にトピックワードを描写する、あるいは裏付ける単語やフレーズのリストを作ってもらいましょう。

**ステップ3** 単語やフレーズのリストからポエムを作る

ステップ2で出てきた単語やフレーズのリストから、トピックワードに最も合っているものを選んでもらい、生徒にアクロスティック・ポエムを作ってもらいます。例えば今回の例だと、以下のようなものができあがります。

| | |
|---|---|
| Shines brightly | 明るく輝く |
| Up in the sky | 空高く |
| Nice and warm on my skin | 私の肌に心地よく暖かい |

Activity 4　自分の名前でできる英作文「アクロスティック・ポエム」

### ステップ4　自分の名前で作ってみる

　文字数の短い単語に慣れてきたら、自分の名前でもアクロスティック・ポエムを作ってもらいましょう。例えば、マイという名前であれば、以下のようなポエムを作ることができます。

| | |
|---|---|
| Makes everyone happy | 皆を幸せにする |
| Always helps others | いつも人の役に立つ |
| Is everyone's best friend | みんなの大親友 |

## Activity 5
# 教科書の内容が身につく「記者と秘書ゲーム」

ただ教科書を中心に授業を進めていくだけでは、生徒が「退屈」と感じてしまうことがあります。ここでは、いつも机の前に座っている生徒が教室を動き回りながら教科書の内容を覚えることのできる「記者と秘書ゲーム」を紹介します。

## 「記者と秘書ゲーム」のステップ

### ステップ1　記者と秘書を決める

クラスの人数によって、生徒を五人以下の小グループかペアに分けます。そして生徒に、誰が記者になるか、誰が秘書(ライター)になるかを決めさせます。

グループの人数が二人を超える場合でも、秘書は一人にしてください。

### ステップ2　英文を教室に張り出す

英文を書いた紙を教室に貼り出します。貼り出す英文は、教科書を題材に作るのが良いでしょう。貼る場所は、廊下の壁、教室の壁の空スペース、黒板などが良いでしょう。すぐに見つからない場所を考えるのも楽しいものです。でも一番邪魔にならずに、皆がスムーズに動けるのは廊下でしょう。

### ステップ3　レポート活動をする

記者は英文を見つけ、口頭で秘書に報告します。記者は英文をノートに書き記すことも大きな声で伝えることもできません！　紙が張ってある場で英文を覚えて、秘書の所まで行き、そこで自分が覚えた英文を伝えなくてはいけません。もし、忘れてしまったら、もう一度英文を見に戻り、しっかり覚えて、伝えます。きちんと報告し終えるまで、何度も何度も続けます。時間を設定したり、またグループごとに競ったりするのも良いでしょう。

**Activity 5**　教科書の内容が身につく「記者と秘書ゲーム」

## Activity 6
## ネイティブが5歳のときに学校で行うプレゼン「Show and Tell」

ここで紹介するプレゼンとは「Show and Tell」と呼ばれているもので、欧米では小学生の子供たちにとってもごく一般的な教室内での活動です。Show and Tellとは文字通り、人の前で何かを「見せ」、それについて「話す」ことで、まだ若い子供たちに人前で話すスキルを教えるために行われます。

### 「Show and Tell」のステップ

**ステップ1　何を、誰を紹介するか決める**

自分が紹介するものを生徒に決めてもらいます。紹介するものは自分が好きな漫画、映画、アーティストなど、生徒が好きなものを選んでもらいましょう。

**ステップ2　紹介する写真や道具を選ぶ**

ステップ1で決めたものを紹介するための写真や道具を選んでもらいましょう。好きな漫画を選んだのなら、その漫画を一冊、誰か好きなアーティストを選んだのであれば、そのアーティストのCDやポスターなどを家から持ってきてもらいましょう。

**ステップ3　プレゼン内容を考えてもらう**

なぜ、生徒がそれを選んだのか、この段階では日本語で良いのでその理由を考えてもらいましょう。例えば漫画であれば、主人公がカッコいい、ストーリーが面白い、友達と一緒にその漫画の話ができるなど、何でも良いです。

Activity 6　ネイティブが5歳のときに学校で行うプレゼン「Show and Tell」

### ステップ4　プレゼンの下書きを書いてもらう

　ここまで考えたことを基に、英語でプレゼンの下書きを書いてもらいましょう。

### ステップ5　プレゼン原稿をチェックしてもらう

　生徒が書いた原稿を先生、あるいは他の生徒にチェックしてもらい、それを修正したうえで原稿を完成させてもらいましょう。

### ステップ6　「Show and Tell」をやってもらう

　実際に「Show and Tell」をやってもらいましょう。このとき、話し手にはゆっくりハッキリ話すように指導しましょう。聞き手にはノートを取るためのシート、質問を書かせるためのシートを配っておくと良いでしょう。

　プレゼンが終わったら、先生を中心にいくつか質問をするようにします。

　また、時間については、クラスの人数にもよりますが、1か月間、あるいは2か月間、各授業の5分から10分を当てるのが良いでしょう。発表の時は、毎回一人から二人の生徒がその場に立つようにします。最初のプレゼンターを先生が務めると、その後の生徒たちへのヒントになり、スムーズにこの活動に入ることができます。

Activity　授業のお助け！　アクティビティ集

## 「Show and Tell」下書き用の英語

### 始まりのあいさつ

| | |
|---|---|
| みなさん、こんにちは | Hello, everyone! |

### 好きなものの紹介

| | |
|---|---|
| …を見てください | Look at … |
| 今日は…について話したいと思います。 | I'm going to talk about … |
| …について話します。 | Let me talk about … |
| 今日は私の好きな漫画について話そうと思います。 | Today, I'm going to talk about my favorite comic. |

### 好きな理由の説明

| | |
|---|---|
| …を好きな理由は三つあります。 | There are three reasons why I like … |
| この漫画を好きな理由は三つあります。 | There are three reasons why I like this comic. |
| 一つ目は…、二つ目は…、そして最後は…です。 | One is … . Another one is … . The last one is … . |
| 一番目の理由は…。二番目は…。そして三番目は…。 | First, … . Second, … . And Third, … . |
| 一番目の理由は主人公がカッコいい。二番目はストーリーが面白い。そして三番目は友達と一緒にその漫画の話ができるからです。 | First, the main character is really cool. Second, the story is very entertaining. And third, I can talk about this comic with my friends. |

Activity 6　ネイティブが5歳のときに学校で行うプレゼン「Show and Tell」

## 締めくくりの言葉

| | |
|---|---|
| それが、私が…を好きな理由です。 | So that is why ... . |
| もう…についておわかりになったと思います。 | Now you know about ... . |
| それが、私がこの漫画を好きな理由です。 | So that is why I like this comic. |

## 終わりのあいさつ

| | |
|---|---|
| ご清聴ありがとうございました。 | Thank you for listening. |
| 私のプレゼンテーションを気に入っていただけたら嬉しいです。 | I hope you liked my presentation. |

## 質問

| | |
|---|---|
| 他にはどんな漫画がお勧めですか? | What other comic books do you recommend? |
| その本はどこで買えますか? | Where can we buy that comic? |
| あなたにその漫画を紹介してくれたのは誰ですか? | Who introduced that comic to you? |
| この漫画を最初に読んだのはいつですか? | When is the first time you read this comic? |
| この漫画は一冊いくらしますか? | How much does each comic book cost? |
| その漫画の映画はありますか? | Is there a movie for that comic? |
| あなたは漫画を描きますか? | Do you draw comics? |

## Activity 7
# 意見がどんどん出る「ディスカッション」

ディスカッションをするための英語は紹介しましたが、ここでは意見が出やすいディスカッションの方法をご紹介します。

### ステップ1　ディスカッションのテーマを決める

次ページ以降のディスカッションテーマを参考に、何についてディスカッションするかを決めましょう。

### ステップ2　ディスカッション用の用紙に意見を書き込んでもらう

以下のような用紙を用意し、生徒に意見をまとめてもらいます。

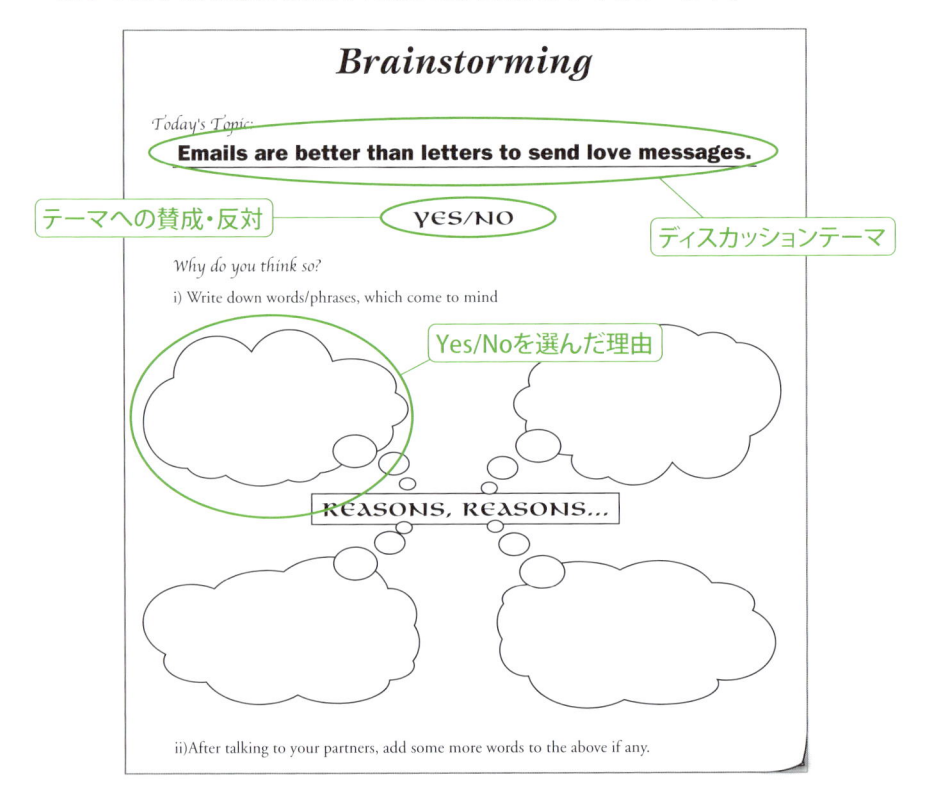

---

**Brainstorming**

Today's Topic:
**Emails are better than letters to send love messages.** ← ディスカッションテーマ

YES / NO ← テーマへの賛成・反対

Why do you think so?
i) Write down words/phrases, which come to mind

（雲のイラスト）← Yes/Noを選んだ理由

REASONS, REASONS…

ii) After talking to your partners, add some more words to the above if any.

## Activity 7 意見がどんどん出る「ディスカッション」

**ステップ3** ディスカッションをする

ステップ2でまとめた意見に基づいて、生徒にディスカッションをしてもらいましょう。

## 意見がどんどん出るディスカッションテーマ20

① Dogs are better than cats as pets.
ペットはネコよりも犬の方がよい

② Summer is better than winter.
夏は冬よりもよい

③ Celebrities earn too much money.
有名人はお金を稼ぎ過ぎだ

④ We should always tell the truth.
常に真実を言うべきだ

⑤ City life is better than country life.
都会の暮らしは田舎の暮らしよりもよい

⑥ Big cities are better than small towns for the elderly.
年配の人にとっては、小さな町よりも大都市の方が暮らしやすい

⑦ Texts are better than letters to send love messages.
愛のメッセージを送るには手紙よりメールの方がよい

**Activity** 授業のお助け！　アクティビティ集

**8** Early marriage is better than late marriage.

早婚は晩婚よりもよい

**9** Love is more important than money in a marriage.

結婚では、お金よりも愛情の方が大切だ

**10** Family is more important than work.

家族は仕事に勝る

**11** Students should be allowed to use cell phones during class.

生徒は授業中にスマートフォンの使用を許されるべきだ

**12** Entrance exams should be abolished.

入学試験は廃止すべきだ

**13** High school students with driver's licenses should be allowed to drive to school.

運転免許証を持っている高校生は、車での通学を許されるべきだ

**14** High school students should be allowed to have a part-time job without permission.

高校生は、許可なくアルバイトをすることを認められるべきだ

**15** Japanese students should learn Asian languages rather than English.

日本の学生は、英語よりもアジアの言語を学ぶべきだ

Activity 7　意見がどんどん出る「ディスカッション」

**16** Volunteer work should be a required subject in high schools.
高校ではボランティアは必修科目に入れられるべきだ

**17** School uniforms should be abolished in all schools.
すべての学校で制服は廃止されるべきだ

**18** The number of cars on the road should be limited to stop global warming.
温暖化防止のために、路上を走る車の台数を制限すべきだ

**19** The Internet needs to be more strongly regulated.
インターネットはもっと規制が強化されるべきだ

**20** The minimum age for voting should be lowered.
投票できる年齢を引き下げるべきだ

## Phrase Index
## フレーズ索引

### あ

相手がいません ......................... 103
飽きずに授業を受けられました！ ...... 205
アクティビティが楽しかったです！ ... 207
明日はスーツ姿で来てください ....... 249
慌てないで ............................... 39

### い

一度目は全体を聞いてください ....... 123
1年間、頑張りましたね。お疲れ様です
　　　　　　　　　　　　　　　 ... 197
一緒に働けて楽しいです ............... 246
印象的なシーンはありましたか？ .... 142
印象的なセリフはありましたか？ .... 142

### う

打ち合わせの内容を聞いて
　どう思いますか？ .................... 228

### お

大きな声で読んでください ............ 134
惜しい！　ここは複数でしたね ....... 87
惜しいね！ ............................... 33
おはよう ................................. 2

### か

外国の格言 .............................. 44
書き始める前に概要を作りましょう ... 162
下線部を日本語に直しなさい .......... 80
( )内の語を使って、次の英文を… .... 79
…がとてもいいアクティビティでした
　　　　　　　　　　　　　　　 ... 238
…がとても勉強になりました ......... 215
…がよくなかったので、
　改善点を考えましょう .............. 240
…がわかれば大きなヒントになりますね
　　　　　　　　　　　　　　　 ... 86

**Phrase Index** フレーズ索引

感想を聞かせてください・・・・・・・・・ 147

がんばって！・・・・・・・・・・・・・・・・・・・ 35

## き

気に入った登場人物は誰ですか？・・・・ 143

逆説を述べる・・・・・・・・・・・・・・・・・・ 184

球技大会で優勝できたことが
　嬉しかったです・・・・・・・・・・・・ 212

教科書の最初の文をノートに
　写してください・・・・・・・・・・・・・ 55

教科書の…ページを開けてください・・ 51

教科書の…ページを見てください・・・ 51

教科書を出してください・・・・・・・・・ 50

今日の給食はイカですが、
　イカは食べられますか？・・・・・・ 248

今日の授業は楽しかったですね・・・・ 236

今日の天気は？・・・・・・・・・・・・・・・・・ 4

今日は終わりにしましょう・・・・・・・・ 5

今日は何日ですか？・・・・・・・・・・・・・ 6

今日は…ページから始めます・・・・・・ 52

今日も頑張っていただき、
　ありがとうございます・・・・・・・ 237

## く

グループで活動しましょう・・・・・・・・ 99

グループは男女混合ですか？・・・・・・ 104

## け

原因・結果を述べる・・・・・・・・・・・・ 189

## こ

黒板を消してください・・・・・・・・・・・ 15

ここで著者が最も言いたいことは
　何でしょうか？・・・・・・・・・・・・・ 151

今年初めて英語を好きだと思えました
　・・・・・・・・・・・・・・・・・・・・・・・・・・・ 213

このfastはどの言葉を修飾していますか？
　・・・・・・・・・・・・・・・・・・・・・・・・・・・・ 85

この語句は「何のこと」を
　言っているのでしょうか？・・・・・ 150

この単語のスペルは何ですか？・・・・ 21

この段落で一番大切な文はどれですか？
　・・・・・・・・・・・・・・・・・・・・・・・・・・・ 148

この話の登場人物は？・・・・・・・・・・ 140

この話のメインテーマは何でしょう？
　・・・・・・・・・・・・・・・・・・・・・・・・・・・ 145

# Phrase Index　フレーズ索引

この話を読んで考え方が
　　どう変わりましたか？ ………… 146

この場面を私たちが
　　一緒にやってみせますね ………… 230

このページを読みたい人（はいますか）？
　　………………………………… 137

この物語のターニングポイントは？ …… 144

これからCDをかけます。
　　準備はいいですか？ …………… 120

これからも英語が上手になると思います
　　………………………………… 201

今回読んだ話と前回読んだ話の共通点は？
　　………………………………… 152

今回読んだ話と前回読んだ話の
　　異なるところは？ ……………… 153

## さ

最初は難しいかもしれませんが …… 127

賛成です ……………………………… 179

三人でもいいですか？ ……………… 105

残念！　ケアレスミスは
　　ちょっとした注意で防げますね …… 88

…さんはどうしてお休みしたのですか？
　　………………………………………… 8

## し

次回はもう少しやさしい英語で
　　話してください ………………… 244

辞書になんて書いてありますか？ …… 139

辞書はありますか？ ………………… 54

集中できました！ …………………… 206

授業準備の分担をしましょう ……… 227

授業の始めからノンストップで
　　ワクワクできました …………… 204

主人公はどのような人物ですか？ …… 141

順番をジャンケンで決めよう！ …… 109

ジョーンズ先生に
　　チェックしてもらいなさい …… 235

CDを聞く前に、質問をよく見てください
　　………………………………… 121

## す

…するべきだと思います …………… 177

座っているだけが授業じゃないと
　　思いました ……………………… 208

座ってください ……………………… 14

Phrase Index　フレーズ索引

## せ

成績は今ひとつでしたが、
　努力したと思います ･･･････････ 199

生徒たちが楽しめたようですね ･････ 243

積極的に授業に取り組んでくれて
　ありがとう ････････････････････ 196

前回のテストに比べて、
　理解が深まっていますね･･･････････ 84

前回はどこまでやりましょうか？ ････････ 53

先生、黒板の字が読めません ････････ 24

…先生のおかげで
　英語が好きになりました ･･････････ 203

先生の声が教室の後ろまで聞こえません
　････････････････････････････････ 23

先生の説明わかった？ ･･････････････ 106

## そ

そちらから ･････････････････････ 108

その答えでいいですか？ ･･････････ 37

（それで）合っています！ ･･･････････ 34

それはいい考えだと思います ･･････ 178

## た

対照する ････････････････････････ 185

対比する ････････････････････････ 185

対話で聞いた単語や表現を
　調べてみたいと思います ･･･････ 126

立ってください ････････････････････ 14

だんだん正解に近づいてきました！ ･･･ 38

だんだんリラックス
　できるようになりました ･･･････ 217

## ち

チェックしてください ････････････ 16

朝会の内容を説明してあげましょうか
　････････････････････････････････ 247

調子はどうですか？ ･･････････････ 3

ちょっと難しかったのかもしれませんね
　････････････････････････････････ 242

## つ

次の質問に答えなさい ･･････････････ 78

次の授業の目標は…を教えることです
　････････････････････････････････ 225

275

## Phrase Index　フレーズ索引

次は誰の番？ ・・・・・・・・・・・・・・・ 110
机を隣同士くっつけてください ・・・・・ 97

### て

テーマに沿って書きましょう ・・・・・・・ 164
できますよ！ ・・・・・・・・・・・・・・・・・ 36
手を挙げてください ・・・・・・・・・・・・ 15
添削が終われば、渡します ・・・・・・・ 168

### と

どちらからにする？ ・・・・・・・・・・・・ 107
隣の人と交換してチェックしましょう
・・・・・・・・・・・・・・・・・・・・・・・・・・ 166
どのグループの勝ちかな？ ・・・・・・・ 112
どんな答えでもいいから、言ってごらん
・・・・・・・・・・・・・・・・・・・・・・・・・・ 41

### な

何か問題点を感じましたか？ ・・・・・・ 239
何についての話だと思いますか？ ・・・ 149
…なら時間がとれます ・・・・・・・・・・・ 222
慣れる方が大切だとわかりました ・・・ 216

### に

二回目は聞きながらメモを取りましょう
・・・・・・・・・・・・・・・・・・・・・・・・・・ 124
苦手な英語を頑張ってみようと思えました
・・・・・・・・・・・・・・・・・・・・・・・・・・ 209
日記に使える表現 ・・・・・・・・・・・・・ 170
日本語が上手ですね ・・・・・・・・・・・ 250
日本語の意味に合うように… ・・・・・・ 81
日本の格言 ・・・・・・・・・・・・・・・・・ 45
…に基づいた活動がありますか？ ・・・ 224

### の

…の番だね ・・・・・・・・・・・・・・・・・ 111

### は

…は英語で何と言いますか？ ・・・・・・ 20
…はどうでしょうか？ ・・・・・・・・・・・ 182
反対です ・・・・・・・・・・・・・・・・・・ 180

### ひ

…日までに提出してください ・・・・・・・ 167

Phrase Index　フレーズ索引

品詞が意識できるようになりましたね ・・・・・・・・・・・・・・・・・・・ 202

ヒントをください・・・・・・・・・・・・・・・ 19

### ふ

ブラウン先生のあとについて言いましょう ・・・・・・・・・・・・・・・・・・・ 233

（プリント配布のとき）…が足りません ・・・・・・・・・・・・・・・・・・・ 25

プレゼンターになったことは
　忘れられません ・・・・・・・・・・・ 214

文法は気にしないで書いてください ・・・ 165

### へ

ペアで活動しましょう ・・・・・・・・・・・・ 98

ペアを作りましょう ・・・・・・・・・・・・・ 96

別の言葉で言い換える ・・・・・・・・・・ 188

### ほ

ポイントを列挙する ・・・・・・・・・・・・ 183

他の人は静かに聞いてください ・・・・・ 135

保健室に行ってもいいですか？ ・・・・・・ 26

### ま

前に出てください ・・・・・・・・・・・・・・ 15

まず二回流します ・・・・・・・・・・・・・ 122

まずは下書きをしましょう ・・・・・・・・ 163

まだ伸びる可能性があります ・・・・・・ 200

### み

皆さんいますか？ ・・・・・・・・・・・・・・・ 7

皆さん、今は授業に集中しましょう ・・・ 17

皆さん、今日は…をします。 ・・・・・・・ 229

皆さん、どうでしたか？
　全体を把握できましたか？ ・・・・・ 125

皆でグループワークをしたのが
　楽しかったです ・・・・・・・・・・・・ 211

### む

六つのグループ（班）に分けます ・・・・ 101

### も

もう一度お願いします ・・・・・・・・・・・ 18

もう一度説明しましょうか ・・・・・・・・ 232

## Phrase Index　フレーズ索引

もう一回説明を聞きたい人は（いますか）？ ................ 231

もう一回やってごらん ................ 40

もうグループに入れましたか？ ........ 102

もう少しはっきりと発音してみましょう ................ 138

もう少しゆっくりと話してください .... 22

もう少しゆっくり読んでください ..... 136

### や

やれば必ず報われることがわかりました ................ 210

### よ

よくできました！ ................ 32

四人のグループになりましょう ........ 100

四人の班になりましょう ................ 100

読み終えた人は顔を上げてください ................ 133

### ら

来週の授業の打ち合わせをしましょうか？ ................ 223

### れ

例を挙げる ................ 186

### わ

私が…して、あなたが…してはどうです？ ................ 226

私かスミス先生に聞いてください ..... 234

私から ................ 108

私にやってほしいことが何かありますか？ ................ 245

私の意見は…です ................ 176

私はそうは思いません ................ 181

### を

…を辞書で引いてみてください ........ 54

…を少し変更しましょうか？ .......... 241

…を褒めたいと思います ................ 198

…を黙読してください ................ 132

### 著者
**デイビッド・セイン**　David A. Thayne

これまで累計350万部の著作を刊行してきた英語書籍のベストセラー作家。

25年以上、日本で英語を教えてきた経験を持つ。

英会話学校経営、英語書籍・教材制作などを行う「エートゥーゼット（www.atozenglish.jp）」の代表を務めている。

著書に『ネイティブはこう使う！マンガでわかる前置詞』（西東社）、『世界中で通じる！製造現場の英語』（アスク出版）、『「ごちそうさま」を英語で言えますか？』（アスコム）などがある。一般英会話から専門的な英会話、文法書まで、様々なジャンルの英語書籍で多くの読者から指示されている。

### 執筆協力
**佐藤 留美**　Rumi Sato

東京都立西高等学校の英語教師。11年前から「英語で授業」を行い続けてきたベテラン先生。

さまざまな英語授業研究会にて「英語で行う授業」の実践例を絶えず提案してきた。英語教師向けの研修も数多く行っており、「英語教員のためのポータルサイト　えいごネット」にもその研修の様子が紹介されている。近著（共著）に『提言　日本の英語教育―ガラパゴスからの脱出』（小池生夫編著　光村図書出版）がある。

### 執筆協力
**窪嶋 優子　ベラスケス・ナンシー**（有限会社エートゥーゼット）

### イラスト
**高山 わたる**

## 英語で授業デビュー!

| 発行日 | 2014年 4月10日 | 第1版第1刷 |
|---|---|---|
|  | 2014年 7月15日 | 第1版第3刷 |

著　者　デイビッド・セイン

発行者　斉藤　和邦
発行所　株式会社　秀和システム
〒107-0062　東京都港区南青山1-26-1 寿光ビル5F
Tel 03-3470-4947（販売）
Fax 03-3405-7538

印刷所　三松堂印刷株式会社

©2014 AtoZ Co. Ltd.　　　　　　　　　Printed in Japan

ISBN978-4-7980-4095-0 C2082

定価はカバーに表示してあります。
乱丁本・落丁本はお取りかえいたします。
本書に関するご質問については、ご質問の内容と住所、氏名、電話番号を明記のうえ、当社編集部宛FAXまたは書面にてお送りください。お電話によるご質問は受け付けておりませんのであらかじめご了承ください。